Linda Deslauriers

Haare im Licht

Über dieses Buch

Haare sind Schönheits- und Wohlfühlfaktor Nr. 1. Fast alle Frauen – und zunehmend auch Männer – wünschen sich schöne, kraftvolle und glänzende Haare, die wunderbar die eigene Persönlichkeit zum Ausdruck bringen. Stimmt die Frisur, fühlen wir uns sicher und strahlen Selbstbewusstsein und innere Harmonie aus. Umgekehrt können aber auch Ernährungsgewohnheiten, Stress etc. an unseren Haaren abgelesen werden, spiegeln sie doch unsere körperliche und seelische Verfassung wider.

Linda Deslauriers beschreibt diese spannenden Zusammenhänge und gibt zahlreiche Tipps, wie man auf einfache Weise Zustand und Aussehen der Haare verbessern kann. Richtige Pflege, typgerechte Frisuren und die gezielte Behandlung von Haarproblemen sind der Schlüssel zu natürlich schönem Haar und einer tollen Ausstrahlung.

Über die Autorin

Linda Deslauriers, Jahrgang 1965, stammt aus Hamburg und lebt auf Maui (Hawaii). Diplom im Fach Psychologie (Thema: Bedeutung der Haare für den Menschen), Master of Arts im Fach Europäische Sprachen und Literatur (Thema: Haarsymbolik und Haarbilder in Grimms Märchen). Von 1987 bis 1990 Ausbildung im so genannten »Hair Balancing« in den USA, seitdem arbeitet sie als ganzheitliche Haarpflegespezialistin auf Hawaii und in Kalifornien.

Mehr Informationen zu Linda Deslauriers und ihrer Arbeit unter *www.hairgarden.com*

Linda Deslauriers

Haare im Licht

Schönes Haar – strahlendes Selbst

nymphenburger

Haftungsausschluss

Die in diesem Buch aufgeführten Behandlungsvorschläge, Ratschläge und Rezepte richten sich an Gesunde und wurden von der Autorin sorgfältig recherchiert und geprüft. Eine Garantie kann dennoch nicht übernommen werden. Außerdem ersetzen die Hinweise in diesem Buch keinesfalls einen Besuch bei einem Arzt, sofern dieser angezeigt ist. Unter keinen Umständen sind die Autorin oder der Verlag für irgendwelche Schäden oder Verluste haftbar, die dem Leser dadurch entstehen könnten, dass er ausschließlich auf Informationen dieses Buches vertraut. Eine Haftung der Autorin und des Verlags ist daher ausgeschlossen.

2. Auflage

Der Titel erschien erstmals 2004 im Königsfurt Verlag.

Umschlaggestaltung: Claudia S. Sanna
unter Verwendung eines Fotos von Mary Sloan, Kihei, Maui (Hawaii)
Satz: Satzbüro Noch, Witten
Druck und Binden: GGP Media GmbH, Pößneck
Printed in Germany
ISBN 3-485-05124-1
Ab 1. Januar 2007: ISBN 978-3-485-05124-8

Inhalt

In Erinnerung an
William Mercury Yount
(1948–1990)

Einleitung

Haare sind Teil unseres Körpers, Geistes und unserer Seele.
Haare sind Geschichte und Zeit. Haare sind Kultur.
Haare sind das Selbst und Haare sind einfach nur Haare.
Haare berühren immer das Leben anderer.
Haare sind ein Teil des Lebens.

Unsere Haare sind auf fundamentale und magische Weise mit dem Leben verbunden. Der Wachstumszyklus der Haare repräsentiert den Lebenszyklus: Geburt, Leben, Tod, dann Wiedergeburt. Jedes einzelne Haar wächst, ruht, fällt aus und ein neues wächst an seiner Stelle.

Kopf und Haare sind die ersten Körperteile, die durch den Geburtskanal in eine ganz neue Atmosphäre vordringen und die von einem anderen Menschen berührt werden. Von dem Zeitpunkt an wächst das Haar mit uns. Es dokumentiert unsere Lebensphasen und kulturellen Einflüsse. Haare sind die Fahnen, die jede Generation hochhält, um der Welt ihre Ideale und Ziele zu zeigen. Haare erzählen so viele Geschichten, wie es Menschen auf dieser Erde gibt. Sie sind in Rituale und Gebräuche eingewoben und kreieren einzigartige sowie universelle Muster. Wenn wir sterben, »überleben« uns die Haare für tausende von Jahren. Sie sind alterslos wie unsere Seele.

Während meiner Kindheit hatten Haare keine große Bedeutung für mich. Ich habe keine Puppen frisiert, nur einmal schnitt ich meinem Teddy etwas Fell ab. Da es nicht nachwuchs, hörte ich auf zu experimentieren, bis ich sechzehn war und ein Freund einen Haarschnitt brauchte. Ich erinnere mich an den Geruch und die grellgrüne Farbe des Apfelshampoos, an meine Mutter, die mindestens sechs verschiedene Frisuren pro Jahr hatte und frustriert war, wenn mein Vater diese nicht kommentierte, angenehme und unangenehme Erfahrungen im Haarsalon und meine Rebellion, als ich mit vierzehn meinen Pony herauswachsen ließ.

Doch dann entwickelte ich eine seltsame Angewohnheit, die mein Verlangen, Haare zu verstehen, in Bewegung setzte. Ich suchte mein Haar nach gespaltenen Spitzen ab, die ich dann abbrach oder abschnitt, manchmal ein bis zwei Stunden lang. Später erfuhr ich, dass dieses Verhalten dem »Haareausreißen«, der Krankheit Trichotillomanie verwandt ist. Es dauerte Jahre, bis ich Heilung fand.

Mit siebzehn hatte ich Liebeskummer, meine Eltern ließen sich scheiden und meine Haare fielen aus. Nach sieben langen Monaten erhielt ich von einem homöopathischen Arzt Hilfe und das Haar wuchs nach. Kurz danach hatte ich während einer Meditation eine Vision von einem »Haarheiler« und ich sah mich mit einem Buch über Haare in der Hand, das ich geschrieben hatte.

Ein paar Jahre später traf ich diesen »Haarheiler«: Es war Mercury Yount aus Amerika. Seine Philosophie und Art, Haare zu schneiden, waren so inspirierend, dass ich meine Diplomarbeit diesem Thema widmete. Nach meinem ersten »Hair Balancing« sahen meine Haare so fantastisch aus, dass mich Menschen auf der Straße ansprachen. Auf körperlicher Ebene erlebte ich verstärkten Energiefluss und eine wochenlang anhaltende Verbesserung meiner Sehfähigkeit.

In den nächsten zwei Jahren organisierte und übersetzte ich für Mercury und war bei hunderten von Hair Balancings dabei. Ich lernte die Energiefelder der Menschen wahrzunehmen und sah Transformationen, die weit über einen neuen Haarschnitt hinausgingen. Ich begann, einigen Kunden die Haare zu schneiden, wenn Mercury unterwegs war, hatte aber nicht vor, daraus einen Beruf zu machen. Das änderte sich, als Mercury plötzlich auf tragische Weise starb.

Zu diesem Zeitpunkt erfuhr ich, dass mein Nachname »Mann ohne Haare« bedeutete, worauf ich mir einen Mann mit einem schönen voll klingendem Nachnamen wünschte. Ein weiterer Aspekt führte zu meiner Urgroßmutter, eine Frau, die in ihrem Dorf dafür bekannt war, erfolgreich Hautkrankheiten zu besprechen. Auf unserem einzigen Foto von ihr hält sie mich, kurz bevor sie starb, mit ihren langen knochigen Fingern. Neben dieses Foto war eine meiner Babylocken geheftet, wie eine Vorschau auf meine Arbeit mit Haaren und Heilung in Verbindung mit bewährten Weisheiten und neuem Denken. Ich fühle mich, als ob ein Teil ihres Wissens auf mich übergegangen ist.

Als ich später mit tausenden beim Mauerfall durch das Brandenburger Tor ging, öffneten sich auch persönlich neue Horizonte. Ich bat die Traumengel, mir den Ort zu zeigen, der meine nächste Station sein würde. Das Ergebnis war eine griechisch aussehende Stadt am Meer und eine Karte, die einen Punkt zwischen Los Angeles und San Diego hervorhob. Ein paar Wochen später sagte eine Freundin: Das kann nur Laguna Beach sein.

Dort traf ich André und als wir auf Hawaii heirateten, stellte ich fest, dass mein Namenswunsch erfüllt wurde: »Deslauriers« bedeutet Lorbeeren. In Laguna Beach lernte ich auch Anthony Morrocco kennen, einen ganzheitlich arbeitenden Friseur, der Haare in Harmonie mit dem Mondzyklus schnitt und sein Wissen über natürliche Haarpflege und Heilmöglichkeiten des Haarausfalls mit mir teilte.

Heute bietet mein »Hair Garden« praktische Lösungen für Haarsorgen sowie ganzheitliche Wege an, Haare zu pflegen und zu genießen. Schönes Haar hat mit Liebe, Beziehungen, Gesundheit, Schönheit, Energie und Gleichgewicht zu tun. Möge das Lesen dieses Buches Sie mit allem davon erfüllen.

Linda Deslauriers

Natürliche Haarpflege

Bäume haben Blätter
und Menschen haben Haare.
Fließendes Lava und goldene Sonnenstrahlen,
schwarzes Meer, weiße Wellen.
Locken und Stürme sind Spiralen.
Der Wirbel auf dem Kopf eines Neugeborenen
sieht aus wie eine Knospe.

Natürliche Haarpflege erhält die Gesundheit der Haare und bringt ihre besondere Schönheit hervor. Sich mit den physiologischen Funktionen der verschiedenen Haararten unseres Körpers vertraut zu machen, ist Ausgangspunkt unserer Haarreise. Entdecken Sie dann, wie die Elemente und Rhythmen der Natur den Zustand unserer Haare verbessern und wieder ins Gleichgewicht bringen können.

In unserem westlichen Denken und Lebensstil haben wir uns von der Natur getrennt. Wir sagen »Lass uns am Wochenende ins Grüne fahren«, weil wir dem Stadtgeruch, asphaltierten Straßen und Neonlichtern entfliehen und unsere Sehnsucht nach frischer Luft, kurvigen Pfaden und einem Lagerfeuer stillen wollen. In Wahrheit ist aber die Natur immer in uns und um uns herum. Wir sind ein Teil von ihr.

Das Gleiche gilt für unseren Körper und unsere Haare. Obwohl wir offensichtlich mit ihnen verbunden sind, neigen wir dazu, sie zu ignorieren oder so zu sehen und zu behandeln, als seien sie von uns getrennt.

Die Haare sind wie eine Tür, die zur nächstgrößeren Einheit, dem Körper führt, der wiederum die Tür zur nächstgrößeren, der Natur, öffnet. Der Kreis im Kreis im Kreis. Alles ist eins.

Die Natur ist die Quelle für alles, was wir brauchen, um unsere Haare zu pflegen. Wenn wir uns auf die Natur einlassen, fühlen wir uns auf selbstverständliche Weise dazu hingezogen, unsere Haare mit naturbelassenen Produkten und Methoden zu behandeln. Die Natur besteht aus miteinander verflochtenen Welten. Die Haare selbst enthalten Schätze aus jedem Teil der

Natur. Sie lagern Mineralien ein wie ein Stein, wachsen wie eine Pflanze und bestehen aus Protein genau wie das Fell von Tieren

Die Natur inspiriert und heilt einfach nur durch ihre Präsenz. Sie kommt am stärksten in ihrer rohen unberührten Form zum Ausdruck. Das Spektrum natürlicher Haarpflege reicht von klarem Wasser bis zu ausgeklügelten Pflanzenpräparaten, von wild wachsendem Dschungelhaar bis zur kreativen Gestaltung unserer »Haargärten«.

Es ist ein besonderes Erlebnis, die Haare am Strand, auf einer Bergspitze, in der Mitte eines erloschenen Kraters, in einer Höhle oder im Garten geschnitten zu bekommen. An welchem Ort möchten Sie Ihre Haare gern geschnitten bekommen, um sich einmal ganz auf die Natur einzulassen?

Wesen, Aufbau und Wachstum der Haare

Das Wesen der Haare begreifen und visualisieren zu können, trägt zu der Lösung von Haarproblemen ganz elementar bei.

Jedes Haar besteht aus einer Wurzel, die unter der Kopfhaut in eine kleine Tasche, den Follikel, eingebettet ist, und dem Haarschaft, der aus der Kopfhaut herauswächst. Eine oder zwei Talgdrüsen sind an den Follikel angeschlossen und produzieren den Talg, welcher das Haar schützt und glänzen lässt.

Am Ende des Follikels finden wir die Papilla, in der Blutzufuhr und Nerven zusammentreffen, um neue Haare zu produzieren und die Haarwurzel zu nähren. Das Ende der Haarwurzel ist ausgehöhlt, damit es über die Papilla passt.

Der Follikel ist an einen Muskel, den Errektor pili, angeschlossen, der sich zusammenziehen und uns zum Beispiel Kälte spüren lassen kann.

Ein gerade angelegter Follikel lässt das Haar gerade herauswachsen. Einer gebogenen Lage des Follikels folgt das Haar in Wellen- oder Lockenform. Die Lage des Follikels und auch dessen Veränderungen im Laufe des Lebens sind genetisch, hormonell und psychisch bedingt.

Gewöhnlich wird nur eine Zelle, die sich selbst reproduziert, als lebende Zelle bezeichnet, was auf die Haarwurzel, die in der

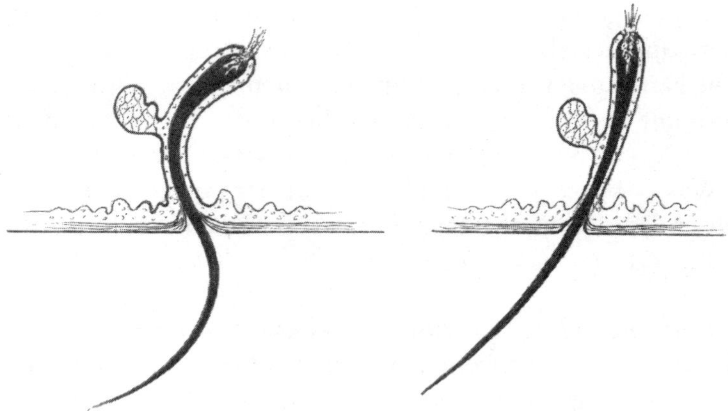

Haarschaft und Haarfollikel

Kopfhaut versteckt ist, zutrifft, aber nicht für den Haarschaft. Deshalb wird der sichtbare Teil der Haare fälschlicherweise als etwas Totes verstanden, das ohne negative Auswirkungen auf Haar und Körper behandelt werden kann. Um Verbesserungen für unsere Haare zu erzielen, sollten wir sie aber nicht als etwas Totes betrachten, denn das würde bedeuten, dass sie von uns getrennt wären. Haare leben als Ganzes und zeigen uns unsere Lebendigkeit. Sie wachsen kontinuierlich. Wenn wir uns gut fühlen, scheinen sie in der Sonne wie Ebenholz, Kupfer oder Gold, und wenn wir unausgeglichen sind, sehen sie glanzlos aus.

Mikroskopisch betrachtet sieht ein Haar wie ein Baumstamm aus. Die äußere, sich überlappende Schuppenschicht läuft auf die Haarspitze zu, was man fühlen kann, wenn man ein Haar zwischen Daumen und Zeigefinger nimmt und in Richtung Haarwurzel gegen den Strich streicht. Das Haar fühlt sich rau an, zur Haarspitze hin fühlt es sich glatt an. Das Haar ist anfällig, wenn die Schuppenschicht durch chemische Behandlung oder auch nur heißes Wasser aufgeraut ist.

Die zweite Schicht, die Faserschicht, verleiht dem Haar mit Elastizität und Stärke und enthält die Farbpigmente. Die Medulla, das Mark des Haares, ist die dritte Schicht und fehlt manchmal in sehr feinem Haar.

Jedes Haar wächst gemäß seinem eigenen Rhythmus. Wenn wir einen bestimmten Teil unserer Kopfhaut beobachten, sehen wir, dass einige Haare wachsen (Anagenphase), einige ruhen (Katagenphase) und andere ausfallen (Telogenphase).

Jedes ausgefallene Haar wurde von einem neuen Haar herausgestoßen. Wenn Haare nicht nachzuwachsen scheinen, befinden sich die neuen Haare unter der Kopfhaut in einem Ruhezustand oder wachsen nur sehr fein und kurz nach.

Die Lebensspanne eines Kopfhaares wird auf vier bis acht Jahre geschätzt, und ein Haar wächst durchschnittlich zwölf Zentimeter pro Jahr.

Die Kopfhaut bedeckt ungefähr eine Fläche von 360 Quadratzentimetern, von denen jeder mit ungefähr 300 Haaren ausgestattet ist. Die Anzahl der Haare variiert mit der Farbe. Blonde Menschen haben 140 000, braunhaarige 110 000, schwarzhaarige 108 000 und rothaarige 90 000 Haare auf dem Kopf.

Haare sind erstaunlich stark. Als Seil gedreht können sie bis zu 900 Kilogramm tragen, etwa das Gewicht eines kleinen Autos.

Haare bedecken die gesamte Körperoberfläche mit der Ausnahme von Handflächen, Fußsohlen, Augenlidern und Mund.

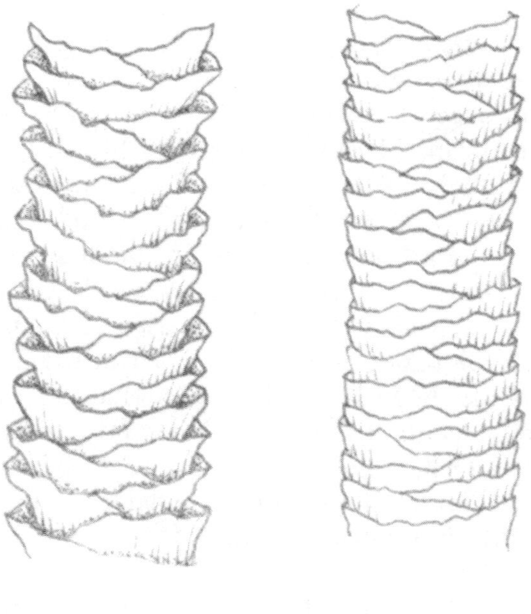

Haarstruktur

Diese Behaarung reicht nicht aus, um uns vor Klima, Dornen oder Raubtierzähnen zu schützen. Als biologisches Fellüberbleibsel haben jedoch selbst die Langhaare (Kopf-, Bart-, Achsel- und Schamhaare), Borstenhaare (Augenbrauen, Wimpern, Ohren- und Nasenhaare) und die Flaumhaare und Lanugohaare (Körperbehaarung) praktische und weit reichende Funktionen.

Das Kopfhaar schützt uns vor Kälte, Wind und Sonne und dient als Polster bei Kopfverletzungen. Es gibt Aufschluss über Gesundheit und Alter einer Person. So kann Haarausfall eine Warnung unseres Körpers sein, den Zustand der inneren Organe untersuchen zu lassen. Haare spielen außerdem eine Rolle in der Liebespartnerfindung, die zur Fortpflanzung führt.

Die Achselhaare und Haare des Genitalbereichs kündigen den Beginn der Pubertät sichtbar an. Die Achselhaare dienen bei der nun verstärkten Schweißabsonderung als Polster, das Hautirritierung vermeidet. Die Haare des Genitalbereichs schützen die Genitalien, indem die direkte Reibung durch die Kleidung vermieden und während des Geschlechtsverkehrs gedämpft wird. Bei der Berührung der Schamhaare der Partner entsteht außerdem ein elektromagnetisches Feld, das die Empfängnis eines Kindes begünstigt.

Die Augenbrauen und Wimpern schützen die Augen und das Sehvermögen. Sie erneuern sich alle vier bis fünf Monate. Die Augenbrauen fangen Schweiß auf, die Wimpern halten Staubpartikel vom Augapfel fern und reduzieren Blendung durch zu starken Lichteinfall. Völker in wärmeren Regionen haben dichtere, längere und stärkere Wimpern. Ohr- und Nasenhaare haben eine schützende Filterfunktion für Ohren und die Atemwege.

Wir haben etwa eine halbe Million Körperhaare, die im Vergleich zu Kopf- und Barthaaren viel länger in der Ruhephase bleiben. Die Körperhaare fallen alle paar Monate aus und wachsen unbemerkt nach. Wäre die Wachstumsphase länger, würden wir alle ganz zottelig herumlaufen.

Männer haben wesentlich mehr Körperhaare als Frauen, von daher sind Körperhaare auch ein sekundäres Geschlechtsmerkmal.

Die Körperhaare, als mikrokosmisches Äquivalent zur pflanzlichen Vegetation betrachtet, sind wie Moos. Sie haben subtile Funktionen, die in Beziehung zu unserem Nervensystem und unserer Körpertemperatur stehen: Wenn wir uns in Not befinden oder frieren, stehen uns die Haare zu Berge. Körperhaare dienen der Wahrnehmung. Unser Körper gebraucht sie, um Gefahren oder die Gegenwart von anderen Menschen zu spüren, ähnlich wie Tiere, deren Haare sich sträuben, wenn sich ein Feind nähert.

Die Haare in Beziehung zu den Elementen der Natur

Die Natur besteht aus den Elementen Erde, Wasser, Feuer, Luft und Äther. Die Natur strebt genau wie der Körper danach, sich in einem Gleichgewicht zu befinden.

Der Mensch, als Mikrokosmos der Natur, besteht ebenfalls aus den fünf Elementen: Knochen, Nägel, Haare und Muskelgewebe (Erde), Wasser (Wasser), Blut (Feuer), Atem (Luft) und Lebensenergie (Äther). Die Haare wiederum, als Mikrokosmos des Körpers, korrespondieren mit den Elementen folgendermaßen: Sie existieren, zusammen mit Nägeln und Knochen, länger als andere Körperteile (Erde). Die Haarwurzel ist eine kleine Fabrik, die Nährstoffe des Blutes (Wasser) zu neuem Haar verarbeitet. Haar ist ein Energieträger und elektrisch geladen (Feuer). Unser Atem (Luft) und unsere Lebenskraft (Äther) reichen bis in die Haarspitzen.

Unser Haarkompass besteht aus den sich ergänzenden und ausgleichenden vier Hauptelementen. Jedes Element kombiniert die Eigenschaften heiß-kalt und trocken-feucht:

Erde (heiß-feucht), Wasser (kalt-feucht), Feuer (heiß-trocken), Luft (kalt-trocken), Äther (Kombination aller Elemente).

Um gesunde Haare zu bekommen oder zu erhalten, müssen wir herausfinden, wo sich unser Haar im Ungleichgewicht befindet, von welchem Element etwas fehlt oder wovon es zu viel hat. Wenn zum Beispiel das Haar zu viel Luft (kalt-trocken) durch Arbeit in windiger Umgebung hat, kann dieses durch Erde (heiß-feucht) in Form von erfrischenden und beruhigenden Pflanzenessenzen ausgeglichen werden.

Da Haare von innen nach außen wachsen, gehen wir ihre Pflege von innen und außen an. Wenn zum Beispiel das Haar

Luft
Kalt – Trocken –
Expandierend – Yang

Feuer
Heiß – Feucht –
Energetisierend – Yang

Erde
Heiß – Feucht –
Nährend – Yin

Wasser
Kalt – Feucht –
Erfrischend – Yin

Kompass der natürlichen Haarpflege

mehr Feuchtigkeit braucht, wird dieses von außen durch die Anwendung von feuchtigkeitsspendenden Produkten und von innen durch verstärkte Flüssigkeitszunahme erreicht.

Erde – Nährend – Yin

Das Element Erde stellt die Grundlagen natürlicher Haarpflege zur Verfügung, indem sie uns Pflanzenextrakte, Tone und Mineralien für unsere Haarprodukte sowie unsere Nahrung schenkt.

Alles, was wir über die Poren der Kopfhaut und unseren Mund aufnehmen, hat eine direkte und indirekte Wirkung auf unser Haar. Durch haargesunde Ernährung stärken wir es von innen. Wenn wir darauf achten, was wir auf unsere Haare und Kopfhaut auftragen, nähren wir es von außen.

Das richtige Shampoo

Weder der Einkauf im Bioladen noch eine umweltfreundliche Verpackung garantieren 100 Prozent natürliche Inhaltsstoffe. Etwa 95 Prozent aller Haarpflegeprodukte enthalten chemische oder synthetische Substanzen. Die Zugabe natürlicher Kräuter wird beim Marketing hervorgehoben, was die Illusion eines ganz reinen und natürlichen Shampoos schafft. Manche Etikettbeschriftungen klingen natürlich, enthalten aber chemische Substanzen. So versteckt sich zum Beispiel hinter der exotisch klingenden Bezeichnung »Kokosnussderivat« die chemisch hergestellte Substanz Laurylsulfat. Es wurde 1952 in Amerika entwickelt und diente der Entfernung von Motorölen. Da es in den USA kein Gesetz für die Deklaration der Inhaltsstoffe gibt, läuft es dort unter zwanzig verschiedenen Namen. Alkohol, Konservierungsmittel, künstliche Farb- und Duftstoffe reizen die Kopfhaut und/oder trocknen die Haare aus.

TIPP *Für die optimale Wahl eines Shampoos braucht man Nase, Augen und lebenslange Experimentierfreude. Ihr Geruchssinn signalisiert sofort, ob Sie eine Substanz als angenehm empfinden. Die Augen helfen beim Lesen und Verstehen der Inhaltsstoffe. Experimentieren ist unvermeidlich, denn selbst wenn Geruch und Zutaten stimmen, kann der visuelle oder fühlbare Effekt auf Ihr Haar ungünstig sein.*

Das empfindliche Ökosystem von Kopfhaut und Haaren gedeiht am besten mit 100 Prozent natürlichen Inhaltsstoffen, da diese die Selbstreinigungs- und Regelungsfunktionen des Körpers unterstützen.

Werbung für Shampoos, die versprechen, Haarfollikel gründlich zu säubern, nutzt unsere zunehmende Sauberkeitswut und Angst vor Haarverlust aus. Dabei ist das Bild, dass unsere Haare von Bakterien, Schmutz und Talg im Follikel erdrückt werden, völlig übertrieben. Gründlich reinigende Haarpflegeprodukte sind nicht die Lösung, da sie Chemikalien enthalten, die die Widerstandskraft der Kopfhaut schwächen und damit einen geeigneten Nährboden für Bakterien schaffen können. Die Talgdrüsen geraten aus dem Gleichgewicht und produzieren zu viel oder zu wenig Talg. Der Teufelskreis schließt sich, wenn die Haare immer intensiver mit chemischen Produkten gereinigt werden und dabei die Kopfhaut ihre Widerstandstandskraft und idealen pH-Wert verliert.

TIPP *Vermeiden Sie Shampoos mit chemischen Inhaltsstoffen. Sie enthalten die gleichen schaumbildenden Substanzen, die auch in Wasch- und Geschirrspülmitteln vorkommen und im Verdacht stehen, krebserregend zu sein. Sie reinigen das Haar zu gut, indem sie ihm die eigene schützende Fettschicht abziehen. Benutzen Sie stattdessen chemiefreie Shampoos oder auch Lavaerde, die man sich selbst mit Wasser zu einer Reinigungspaste mischen kann.*
Benutzen Sie mindestens zwei verschiedene Shampoos. Jedes Mal, wenn das Haar gewaschen wird, kommt ein anderes dran, damit die Kopfhaut nicht ihre Immunität einem Produkt gegenüber verliert und mit Kopfhautjucken, Irritationen und Schuppen reagiert.

Organisch angebauter ungefilterter Apfelessig ist eine sanfte Alternative zu aggressiven Shampoos. Er reinigt die Poren, gleicht den pH-Wert aus und seine Enzyme haben eine anregende Wirkung. Sein Gebrauch kann Haarausfall, Schuppen oder Juckreiz reduzieren.

TIPP *Tränken Sie einen Wattebausch mit Apfelessig und tragen ihn direkt auf die gesamte Kopfhaut auf. Lassen Sie den Essig mindestens 15 Minuten einwirken. Apfelessig kann auch gelegentlich das Shampoonieren ersetzen. Wenn Sie empfindliche Haut haben, schützen Sie Ihr Gesicht oder verdünnen Sie den Essig mit Wasser.*

Öle aus Samen, Nüssen, Kräutern und Gemüse versorgen strapaziertes und trockenes Haar mit Feuchtigkeit. Inder und Polynesier benutzen zu diesem Zweck seit Jahrhunderten Kokosnussöl. Die Haare von Europäern absorbieren reines Olivenöl am besten. In Kalifornien und Mexiko ist Jojobaöl eine gute Wahl.

Tipp *Unser Geruchsempfinden entscheidet wieder, ob wir ein bestimmtes Öl mögen. Ölbehandlungen sollen mindestens 20 Minuten einwirken und können, wie übrigens auch der Apfelessig, über Nacht im Haar gelassen werden. Bedecken Sie dazu Ihr Kopfkissen mit einem Handtuch. Um Öl aus Ihrem Haar zu spülen, verdünnen Sie das Shampoo in Ihren Händen mit Wasser und verteilen Sie es direkt auf die eingeölten Haare. Lassen Sie Ihre Haare nicht vorher mit Wasser in Berührung kommen. Wasser und Öl stoßen einander ab, und wenn Sie versuchen, das Öl mit Wasser auszuspülen und danach zu shampoonieren, dann müssen Sie den Zyklus mehrmals wiederholen. Im schlimmsten Fall haben Sie dann mehr Öl abgezogen als aufgetragen. Statt einer kompletten Ölbehandlung können Sie eine kleine Menge des Öls in Ihre Handflächen tröpfeln, die Handflächen aneinander reiben und sie dann an der äußeren Schicht Ihres Haars abstreichen. So absorbiert das Haar ein bisschen zusätzliches Öl, ohne fettig auszusehen.*

Kopfhaut- und Haaröle werden aus Blumen, Bäumen, Büschen, Samen und Kräutern hergestellt. Das ätherische Öl wird von den anderen Teilen der Pflanze durch einen Destillierungsprozess getrennt und ist stark konzentriert. Da es nicht genug reine Öle für die weltweite Nachfrage gibt, werden die meisten Aromatherapieöle gestreckt oder in anderer Weise verändert. Aromatherapieöle werden eingeatmet, Massageölen, Bädern und Körperpflegeprodukten hinzugefügt oder direkt auf die Haut aufgetragen und als Parfum, in Sprühflaschen und Aromalampen benutzt. Aromatherapieöle können den Zustand unserer Kopfhaut und Haare in beeindruckender Weise verändern: direkt durch äußere Anwendung und indirekt durch die Verbesserung unserer Gesundheit und unseres emotionalen Befindens. Wenn wir natürliche Öle einatmen, wird die Produktion von Endorphinen und Neurotransmittern in unserem Gehirn sofort positiv beeinflusst.

TIPP *Überprüfen Sie das Etikett, um sicherzustellen, dass es sich um ein 100 Prozent reines Aromatherapieöl handelt. Exzellente Kopfhaut- und Haaröle sind Lavendel, Lorbeer, Rosmarin, Bergamotte, Basilikum, Rosenholz, Salbei, Sandelholz, Eukalyptus, Geranium, Kamille, Zitrone und Ingwer. Sie können auch einen oder zwei Tropfen auf Ihre Bürste tun und dann in Ihre Haare bürsten. Wenn Sie chemisch behandelte Haare haben, kann dieses allerdings die Farbe verändern.*

Bürsten regt den Blutkreislauf an, transportiert Sauerstoff und kostbare Nährstoffe zur Haarwurzel und hat sowohl eine erfrischende als auch eine beruhigende Wirkung. Tägliches Bürsten reinigt die Kopfhaut von Ablagerungen, ermöglicht ihr, wieder frei zu atmen, und verteilt die eigenen Öle im Haar.

TIPP *Bürsten Sie zuerst in der Yin-Position. Sie stehen mit gebeugten Knien und lehnen sich nach vorn über, was den Blutfluss zum Kopf verstärkt. Das Bürsten beginnt am Haaransatz im Nacken und setzt sich über die Kopfhaut bis zu den Haarenden fort. Bürsten Sie mit einer sanften, aber festen Bewegung von einem Ohr zum anderen, während Ihr Haar nach vorn schwingt. Dieses stimuliert die Talgdrüsenproduktion. Hacken Sie nicht in Ihr Haar. Die Bürste sollte erst die Kopfhaut berühren und dann in das Haar hineinrollen. Sie können mit Ihrer freien Hand die Haarenden berühren, um eine elektrostatische Aufladung zu vermeiden.*
Danach bürsten Sie in der Yang-Position.
Stehen Sie aufrecht, setzen Sie die Bürste wieder vor der Haarlinie am Stirnansatz an und verteilen Sie die natürlichen Haaröle bis in die Haarspitzen, indem Sie Ihre Haare ganz dicht an die Kopfhaut heranbürsten. Schütteln Sie anschließend Ihre Haare, lassen Sie sie natürlich fallen oder stylen Sie sie in gewohnter Weise.

Die Haare sind nach dem Bürsten zunächst fettiger. Doch wird der Talg schnell absorbiert, und das ist wünschenswert für den Glanz.

Yin-Bürsten

Bürsten funktioniert bei fast jedem Haartyp. Falls Sie am Anfang nicht durch das Haar kommen, probieren Sie es mindestens zwei Wochen lang aus. Bürsten Sie sooft, wie Sie wollen, mindestens dreimal pro Tag für zwei bis fünf Minuten. Möchten Sie das Haarwachstum stimulieren und das neue Haar mit nötigem Öl versorgen, bürsten Sie am besten vor dem Schlafengehen. Wenn sich der Körper im Liegen ausruht, muss der Blutkreislauf nicht gegen die Schwerkraft ankämpfen und kann Gehirn, Kopfhaut und Haar mit Nährstoffen und neuer Energie

Yang-Bürsten

versorgen. Sollten Sie Ihr Haar ungern bürsten, weil es dann zu wellig oder aufgebauscht aussieht, bürsten Sie nur, bevor Sie ins Bett gehen, oder beleben Sie zumindest die Kopfhaut durch Fingermassage.

Eine Bürste mit Wildschweinborsten oder einem Nylon-Borsten-Gemisch ist am effektivsten, da die Borsten dem Haargewebe ähneln. Vermeiden Sie Bürsten mit Metall- oder Kunststoffborsten, weil diese die natürlichen Haaröle nicht transportieren und eventuell die Kopfhaut reizen und die Haare schädigen können. Teilen Sie Ihre Bürste nicht mit Freunden oder Familienmitgliedern. Unser einmaliges Haaröl würde in seiner Effektivität gemindert, sollte es mit einer anderen »Marke« vermischt werden.

Bürsten Sie bei Haarausfall weiterhin regelmäßig, auch wenn dabei Haare ausgehen. Anregung und Massage werden benötigt und das Haar, das dabei herausfällt, würde sowieso fallen.

Kämmen kann genau wie Bürsten entspannen und energetisieren. Es ist sanfter, erfasst dafür aber weniger Kopfhautoberfläche pro Strich. Hartgummikämme sind wie Holzkämme antistatisch und damit Kunststoffkämmen vorzuziehen. Hartgummikämme haben eine glatte Oberfläche und von daher keine Splitter, transportieren aber das Haaröl nicht.

Das Kämmen mit einem Kristallkamm wirkt harmonisierend und stärkt Kopfhaut, Haare, den Körper sowie die Chakren und die Aura.

Kämmen und Bürsten haben immer auch eine energetisch reinigende Funktion, indem sie von Stress, negativen Gedanken und Erlebnissen, die sich in Ihren Haaren angesammelt haben, befreien.

TIPP *Wenn Sie hölzerne Kämme kaufen, halten Sie sie gegen das Licht oder benutzen Sie eine Lupe, um sicherzugehen, dass sie keine kleinen Holzsplitter an den Zacken haben. Wenn Sie einen guten Holzkamm gefunden haben, muss er hin und wieder leicht eingeölt werden. Dafür eignet sich zum Beispiel Olivenöl.*

Kopfhautmassagen haben die gleichen positiven Wirkungen auf den Blutkreislauf und die Talgdrüsenproduktion wie das Bürsten, erreichen aber tiefere Gewebeschichten. Ganzkörper-, besonders aber Hals- und Schultermassagen befreien den Nacken von Spannungen, wodurch mehr Blut, Sauerstoff, Atem und Energie zum Kopf strömen können. Idealerweise werden vor dem Haareschneiden die Schultern, der Hals und die Kopfhaut

Kopfhautmassage

ein bisschen aufgelockert, damit der Kopf sich energetisch mit dem Körper verbindet. Massagen enthalten die Funktionen aller Elemente: Wasser entspricht den fließenden sanften Bewegungen. Feuer verbreitet Wärme und regt an. Das Element Luft reguliert Atmung, Äther den Energiefluss.

Tipp *Verwenden Sie eine runde Massagebürste, etwa in der Größe einer Hand, die bestimmt, aber sanft vom Nacken bis zur Stirn mit kreisenden Bewegungen über die gesamte Kopfhaut geführt wird. Die Venen und Arterien an den Seiten des Kopfes sind wesentlich größer als direkt unter der Schädeldecke. Von daher erfolgt jegliche Anregung des Blutflusses von unten nach oben. Dies kann in der Dusche gemacht werden, vor oder während des Shampoonierens, am Schreibtisch oder beim Lesen.*

Ein anderes belebendes Massagegerät ist der »Tingler«. Massieren Sie damit Ihre Kopfhaut und erleben Sie, wie dadurch der ganze Körper berührt wird.

Tingler

Shiatsu ist eine Massagetechnik, die Fingerdruck auf bestimmte Punkte ausübt, um Schmerzen, Müdigkeit, Anspannung und Krankheit zu lindern. Auf Japanisch bedeutet »shi« Finger und »atsu« Druck.

Die Technik, die Haare mit der Faust zu ziehen, kommt aus dem Shiatsu. Sie stärkt und massiert die Wurzeln und das sie umgebende Muskelgewebe. Greifen Sie ein Bündel Haare gemäß ihrer Wachstumsrichtung und ziehen Sie das Haar in einem rechten Winkel zur Kopfhaut, sonst ziept es und fühlt sich unangenehm an. Wenn Haar auf diese Weise gezogen wird, ist es unglaublich stark und bleibt verwurzelt.

Es gibt an die hundert Akupressurpunkte auf der Kopfhaut. Massieren oder drücken Sie bis zu einer Minute lang besonders verspannte Stellen. Spüren Sie, wie die Spannung nachlässt.

Technik des Haareziehens

Wasser – Erfrischend – Yin

Reines lebendiges **Trinkwasser** kommt den Haaren von innen zugute. Äußerlich achten wir auf die Wasserqualität, mit der unser Haar beim Duschen, im Meer oder in Swimmingpools in Kontakt kommt. Das Wasser, das wir trinken, mit dem wir kochen und uns duschen, kann mit Schwermetallen, Chlor und Kalk belastet sein und schwaches, sprödes und trockenes Haar verursachen. Unter Umständen ist ein Wasserfiltersystem notwendig, da wir während des Duschens sogar mehr Wasser über die Haut als durch das tägliche Trinken absorbieren. Das ist besonders wichtig, wenn Sie Chlor riechen können und sich Ihr Haar nach der Dusche klebrig anfühlt.

Die **Meere, Wasserfälle oder Mineralquellen** sind reichhaltige, nahrhafte und vitalisierende Quellen für Haare und Kopfhaut.

Salzwasseranwendungen können langwierige Kopfhautprobleme wie Schuppen, Juckreiz und sogar Haarausfall heilen oder zumindest lindern.

TIPP *Wenn Sie das nächste Mal im Meer, in einem See oder Fluss baden oder von einem Regenschauer überrascht werden, massieren Sie sanft Ihre Kopfhaut. Haar und Kopfhaut absorbieren Mineralstoffe sowie die zum Wasser gehörende Lebensenergie und werden dadurch erfrischt und beruhigt. Doch achten Sie an exotischen Orten auf schädliche Bakterien. Erkundigen Sie sich vor Ort und zu Hause über die Wasserqualität.*

Swimming- oder Whirlpools enthalten chemische Reinigungsmittel und Chlor.

TIPP *Da Ihre Haare die Chemikalien aufsaugen, wenn Sie sich mit trockenem Haar in den Pool begeben, befeuchten Sie Ihre Haare vorher gründlich mit chemiefreiem Wasser. Öl oder Pflegespülungen können als Schutzschicht auf dem Haar verteilt werden.*
Shampoonieren Sie oder spülen Sie das Haar nach dem Baden auf jeden Fall aus. Suchen Sie nach Schwimmbädern mit moderner Wasserfiltertechnologie, die »lebendiges«, sauerstoffreiches Wasser enthalten.

Feuchtigkeitsspender

Wenn Sie trockenem Klima ausgesetzt sind oder viel Zeit in klimatisierten oder beheizten Räumen verbringen, verhelfen Sie Ihren Haaren und Ihrer Haut mithilfe einer Sprühflasche zu mehr Feuchtigkeit. Leere Sprühflaschen bekommen Sie in der Drogerie. Mit gefiltertem oder mit Kohlensäure versetztem Wasser und einem oder zwei Tropfen reinem ätherischen Öl können Sie Ihre eigene Formel kreieren. Sie können natürlich auch fertige Produkte verwenden. Sprühen Sie Ihr Gesicht und Ihre Haare mehrmals täglich ein.

Wie oft man die Haare waschen sollte

Die Kopfhaut reguliert und säubert sich selbst, weshalb ein Shampoonieren nicht erforderlich ist, besonders wenn regelmäßig gebürstet wird. Ich habe Menschen mit sauberen, gesunden und angenehm duftenden Haaren kennen gelernt, die monatelang kein Shampoo benutzt hatten. Sie lebten in der Natur, benutzten reines Wasser und gelegentlich eine Kräuterspülung. Dieses soll nicht als Maßstab für unsere Welt gelten, in der wir Straßenstaub und sonstigen Luftverschmutzungen ausgesetzt sind. Wenn Sie jeden Tag oder auch jeden zweiten die Haare waschen und diese sich in einem guten Zustand befinden, machen Sie genau das Richtige. Wenn Ihre Kopfhaut und Haare trocken oder fettig sind, sind sie aus dem Gleichgewicht geraten, und als Erstes sollte die Haarwaschroutine verbessert werden. Generell wird zu oft und zu viel Shampoo benutzt. Mit der Zeit gewöhnen wir uns an den vielen Schaum, der durch das Haar gleitet, und an das leichte und freie Gefühl von frisch gewaschenem lockerem Haar. Am nächsten Tag schon, wenn die Talgdrüsen tätig waren und das Haar durch minimale Mengen an Talg beschwert wird, fühlt es sich wieder schmutzig an.

Wenn das Haar dann jeden Tag gewaschen wird, werden all seine natürlichen Öle entfernt, die entscheidend für glänzendes und seidiges Haar sind. Hier wirken kurzfristiges Wohlbefinden und Bequemlichkeit dem langfristigen Ziel gesunder Haare entgegen. Europäer, Amerikaner und Kanadier waschen sich immer öfter die Haare. Zu häufiges Haarewaschen zieht Kopfhaut- und Haarprobleme nach sich, die dann wiederum die Nachfrage nach speziellen Haarpflegeprodukten auslösen. Um unsere »Shampoomanie« zu stoppen, hilft es zu bedenken, dass Haare zwar minimale Mengen an Staub, Rauch, Schweiß und Talg anlagern, für deren Entfernung aber auch nur eine minimale Reinigung notwendig ist.

TIPP *Das Element Wasser wird vom Mond regiert und repräsentiert unsere Gefühle. Wenn Sie einmal besonders emotional aufgewühlt sind oder eine unangenehme Erfahrung*

Der Körper ist das Land, die Stirn der Sandstrand, die Haarlinie ist die ankommende Welle, und die Haare sind das Meer. (Anthony Morrocco)

loslassen möchten, waschen Sie Ihre Haare unabhängig von Ihrem normalen Rhythmus. Sauerstoffreiches lebendiges Wasser hat erstaunliche energetische Reinigungskraft.

Wie man am besten seine Haare wäscht

Beziehen Sie die gesamte Kopfhaut mit ein, shampoonieren Sie so lange wie nötig und spülen Sie gründlich aus. Wenn Sie länger als drei Tage mit der nächsten Haarwäsche warten, kann es angebracht sein, zweimal hintereinander zu shampoonieren. Die erste Anwendung dauert höchstens eine Minute und dient dazu, Ablagerungen an das Shampoo zu binden, die dann ausgespült und nicht in die Kopfhaut einmassiert werden. In der zweiten, mindestens zwei Minuten dauernden Anwendung wird das Haarwaschmittel in die Kopfhaut einmassiert. Die Kopfhaut hat mit die größten Poren des Körpers und absorbiert innerhalb von zwei Minuten alles, was man auf sie aufträgt. Lassen Sie Haarwaschmittel mit nährenden oder therapeutischen Bestandteilen gut einwirken. Spülen Sie mindestens eine Minute lang mit lauwarmen bis warmen Wasser aus. Wenn das Shampoo vollständig ausgespült ist, fühlt sich das Haar rau an. Spülen Sie zum Schluss mit ganz kaltem Wasser nach.

Bei täglicher Haarwäsche shampoonieren Sie nur einmal oder verdünnen Sie das Produkt mit gefiltertem Wasser. Ein Schaumberg macht das Haar nicht sauberer und führt zu Trockenheit. Gönnen Sie Ihrer Kopfhaut eine Shampoopause, indem Sie ab und zu einen Tag auslassen.

Die meisten Menschen waschen sich beim Duschen die Haare. Dabei geben sie das Shampoo ganz oben auf die Kopfhaut und verteilen es dann mit einer abwärts gerichteten Bewegung nach unten. Oft wird dabei nur die oberste Haarschicht berührt und die Kopfhaut am Hinterkopf vernachlässigt. Dadurch können Ablagerungen und Schuppen entstehen. Haare sollten nicht grob wie ein Stück Wäsche, aus dem wir schwarze Flecken auswaschen wollen, sondern vorsichtig behandelt werden.

TIPP *Scheiteln Sie Ihre Haare in der Mitte des Hinterkopfes mit den Händen und tragen Sie das Shampoo direkt auf die Kopfhaut auf. Massieren Sie in Richtung zum höchsten Punkt des Kopfes, damit das empfindlichere Deckhaar weniger Shampoo abbekommt und gleichzeitig die Durchblutung seiner Wurzeln angeregt wird.*
Verschieben Sie den Fokus vom Reinigen des Haars auf das Reinigen der Kopfhaut. Vermeiden Sie das Hin- und Herrubbeln der Haare, um Verkletten und Brüchigkeit zu verhindern. Nachdem das Haarwaschmittel über die Kopfhaut verteilt ist, werden beim Ausspülen die minimalen Ablagerungen automatisch entfernt.

Pflegespülungen sind für unbehandeltes Haar selten nötig. Pflegespülungen erleichtern das Kämmen chemisch behandelter Haare, doch da auch sie wieder chemische Stoffe enthalten, die den Austrocknungseffekt verstärken, schließt sich ein Teufelskreis.

TIPP *Nachdem Sie Ihr Haar ein- oder zweimal gewaschen und mit warmen Wasser ausgespült haben, geben Sie sich einen Ruck und profitieren Sie von dem einfachsten und* *effektivsten natürlichen Pflegeschutz für jedes Haar: kaltes Wasser.*

Es schließt die Hornschicht des Haars, bewahrt das Haar vor dem Verkletten und regt den Blutkreislauf und die Sauerstoffzufuhr zum Kopf an. Außerdem zieht sich das Gewebe um den Follikel jedes einzelnen Haars zusammen und alle 100 000 Haare zusammen ragen aufrechter und voluminöser aus der Kopfhaut hervor. Haare glänzen nach einer Kaltwasserspülung, da eine homogene Hornschicht das Licht besser reflektiert.

Beugen Sie sich ruhig in der Dusche nach vorn, um kalte Wasserspritzer auf der Haut zu vermeiden. Wenn Sie das öfter machen, können Sie irgendwann kaltes Wasser am ganzen Körper ertragen. Sobald es zur Gewohnheit geworden ist, werden Sie diese Erfrischung und die positiven Resultate für Ihre Haare nicht mehr missen wollen.

Wundervoll belebend ist es, die Haare mit reinem sprudelndem Wasser zu spülen. Der Luxus, sich mit abgefülltem Trinkwasser die Haare auszuspülen, ist nicht nur Fotomodellen und Schauspielern zu empfehlen, sondern allen Reisenden, die sich für ihre Haarpflege eine beständige Wasserqualität wünschen.

Wenn Sie Ihre Haare mit einer Pflegespülung behandeln müssen, tragen Sie sie nur an den Enden auf, denn die Haare sind direkt an der Kopfhaut immer fettiger und brauchen keinen zusätzlichen Schutzfilm. Wenn Sie lange Haare haben, geben Sie die Spülung nur auf den Teil, den Sie in einen Pferdeschwanz zusammen binden können. Generell gilt: Das Haarewaschen konzentriert sich auf die Kopfhaut, die Pflegespülung auf das Haar.

Geben Sie Ihrer Kopfhaut und Ihren Haaren mindestens zwei Wochen Zeit, sich von Pflegespülungen auf kaltes Wasser und Bürsten umzustellen.

Kräuterspülungen können das Shampoonieren ersetzen oder im Anschluss an eine Haarwäsche angewandt werden. Kamille hellt das Haar auf und macht es weich und seidig. Rosmarin mit seinen stimulierenden und Salbei mit seinen antibakteriellen und beruhigenden Eigenschaften entfalten ihre Wirkung am besten, wenn sie miteinander kombiniert werden. Basilikum verstärkt in Verbindung mit Rosmarin den Glanz von dunklem Haar und von hellem Haar in Verbindung mit Kamille. Brennnesseln helfen fettigen Haaren. Lorbeerblätter sind besänftigend und wirken antiseptisch und antibakteriell.

TIPP *Bereiten Sie die Spülung wie einen Kräutertee vor und lassen Sie diese dann auf die gewünschte Temperatur oder ganz abkühlen. Wenn Sie sich beim Spülen nach vorne beugen und die Kräuterspülung mit einer Schüssel auffangen, um sie mehrmals hintereinander benutzen zu können, wird die Wirkung intensiviert.*

Feuer – Energetisierend – Yang

Haar will strahlen und funkeln wie Feuer. Es braucht Sonnenlicht für sein Wachstum und hilft dem Körper bei der Bildung von Vitamin D. Doch zu viel Feuer verbrennt das Haar. Übermäßige Hitze wird durch »elektrisches« Feuer (Sonnenlicht, heißes Wasser, Fönen) und durch »chemisches« Feuer (Dauerwellen, chemisches Glätten und Färbemittel) verursacht.

Von innen wird das Element Feuer durch Körperübungen und Sport aktiviert. Die zwei wesentlichen Wirkungen von Körperübungen auf Haar und Kopfhaut sind die Steigerung der Durchblutung und der Abbau von Giftstoffen.

TIPP *Übungen, bei denen das Blut leichter zur Kopfhaut fließen kann (Yin-Position beim Bürsten; beim Entspannen die Beine mithilfe eines Kissens oder der Wand höher legen), tragen besonders zur Haargesundheit bei.*
Yogaübungen wie »Die Kerze«, »Der Pflug«, »Gebetsposition«, »Kopf- und Schulterstand« intensivieren offensichtlich den Blutzufluss zur Kopfhaut.
Tai-Chi-Bewegungen, die den Energiefluss zum Kopf lenken oder überflüssige Energien auflösen, sind ebenfalls hilfreich. Darüber hinaus fördern Yoga- und Tai-Chi-Positionen die Gesundheit eines besonderen Organs oder Körperteils und wirken damit indirekt auf das Haar und die Kopfhaut. Die Stärkung unserer Hauptorgane erlaubt

dem Körper nämlich, seinem Luxusgut, dem Haar, mehr Energie zukommen zu lassen.

Von außen regen feurige Heilmittel, die eine leicht »brennende« Empfindung hervorrufen (zum Beispiel Cayennepfeffer, Ingwer, Knoblauch, Zwiebeln und Apfelessig), in kleinen Mengen Kopfhaut und Haar an und stimulieren neues Haarwachstum.

Mischen Sie einen Esslöffel Olivenöl mit einer Messerspitze Cayennepfeffer. Tragen Sie das Öl auf die Kopfhaut auf. Lassen Sie die Mischung eine halbe Stunde einziehen.

Die chinesische Heilkunde empfiehlt bei Haarausfall vor allem den Gebrauch von Ingwer. Schälen Sie eine Ingwerknolle und schneiden Sie schräg versetzte Scheiben, so dass eine möglichst große Oberfläche pro Scheibe entsteht. Reiben Sie mit der Scheibe direkt Ihre Kopfhaut ein. Auch Knoblauch und Zwiebelsaft gelten in der Volksmedizin als stimulierende Haarelixiere.

Die Sonne ist die absolute Energiequelle. Als Faustregel zum Schutz vor sonnenbedingten Hauterkrankungen bietet es sich an, sich nicht mehr als 20 Minuten und nicht zwischen 11 und 14 Uhr zu sonnen. Um die täglich benötigte Dosis an Vitamin D aufzunehmen, sollten 20 Prozent der Hautoberfläche 30 Minuten lang täglich der Sonne ausgesetzt werden. Gesicht und Hände machen nur fünf Prozent der Hautoberfläche aus.[1]

Sonnenlicht hellt das Haar auf. In Kombination mit Meerwasser oder Substanzen wie Zitronensaft oder Kamille entstehen auf natürliche Weise Strähnen verschiedener Farbstufen. Natürlich oder chemisch geblichenes Haar neigt zu Trockenheit und Brüchigkeit. Haare reagieren unterschiedlich auf verschiedene klimatische Bedingungen und brauchen genauso Zeit, sich anzupassen, wie unser Körper und unsere Psyche. Ungewohnte Hitze und Feuchtigkeit können Haare aufquellen und Locken entstehen lassen oder herunterhängendes Haar verursachen.

1 Pitchford, Paul: Healing with Food, North Atlantic Books, Berkeley, California 2002, S. 388–89

TIPP *Abgestimmt auf die Jahreszeit, den Ort, an dem Sie sich befinden, und die individuelle Sonnenverträglichkeit, können Sie die Heilkraft der Sonne absorbieren und sich und Ihre Haare aufladen.*
Gleichen Sie beim Sonnenbaden das Element Feuer durch gesteigerte Wasseraufnahme von innen und von außen durch feuchte Tücher und Sprühflaschen aus.
Wenn Sie Ihr Haar vor natürlichem Aufhellen beim Strandbesuch, beim Schwimmen oder Wassersport im Meer schützen wollen, bedecken Sie Ihre Haare und/oder spülen Sie das Wasser anschließend gründlich aus. Salzwasser an sich bleicht das Haar nicht.
Wenn Ihr Haar ausfällt oder Sie kahle Stellen haben, bedenken Sie, dass diese Haut und damit die Haarwurzeln der Sonne ausgesetzt sind. Schützen Sie sich mit einer Kopfbedeckung.

Heißes Wasser entspannt das Gewebe um den Haarfollikel, so dass das Haar weniger Halt hat. Außerdem lässt es das Haar insgesamt flacher und stumpfer aussehen, weil es die Hornschicht aufraut. Wenn Sie an Haarausfall leiden, sollten Sie sofort von heißem auf warmes Wasser wechseln, um die Kopfhaut nicht zu schwächen.

Elektrostatische Aufladung

In einem trockenen Klima neigt das Haar dazu, beim Kämmen und Bürsten mit knisternden Tönen zu fliegen. Im Dunkeln kann man sogar Funken sehen. Abgeschnittene Haare sind positiv geladen und fühlen sich trockener an. Das Haar auf dem Kopf bleibt negativ, es sei denn, es ist wiederholt chemisch behandelt worden. Fönen als Kombination der Elemente Luft und Feuer trocknet nicht nur das Haar aus, sondern kann es geradezu »frittieren«. Das gilt natürlich auch für elektrische Lockenwickler und Stäbe.

TIPP *Nehmen Sie nach Ihrem nächsten Haarschnitt die abgeschnittenen Haarenden in die eine und die Haare auf dem Kopf in die andere Hand und fühlen Sie den Unterschied.*
Kunststoffkämme verstärken die elektrostatische Aufla-

dung, während Kämme aus Holz oder Hartgummi antistatisch sind. Man kann Kämme und Bürsten etwas nass machen, um die Aufladung zu verringern.

Chemisches Feuer

Sollten Sie gefärbtes und/oder dauergewelltes Haar haben, möchte ich betonen, dass der folgende Abschnitt weder Angst noch Unsicherheit hervorrufen soll. Er dient lediglich der Information, wie Sie die Gesundheit Ihrer Kopfhaut und Haare erhalten können. Es gibt immer Ausnahmen, und wenn Ihnen Farbe und Locken Freude oder Freiheit bringen und Ihnen nicht zu schaden scheinen, ist es nicht auszuschließen, dass, ganzheitlich abgewogen, mögliche negative Konsequenzen chemischer Behandlungen auf Ihre Gesundheit gering sind.

Manche Haare können chemische Behandlungen besser vertragen als andere. Eine Dauerwelle wird die Haare nicht gleich sichtbar angreifen oder dem Körper auf sofortige fühlbare Weise schaden. Doch sie verändert die molekulare Struktur des Haars, und je häufiger Sie Chemikalien benutzen, desto stärker »verbrennen« Sie Ihr Haar und lassen es austrocknen. Auch nur minimale chemische und synthetische Substanzen, die über die Kopfhaut absorbiert werden, können die Gesundheit von Körper, Kopfhaut und Haaren beeinträchtigen. Mercury Yount, ein Pionier moderner ganzheitlicher Haarpflege, hat es extrem ausgedrückt: »Dauerwellen lassen die Aura um den Kopf eines Menschen so aussehen, als ob dieser einen Unfall gehabt hat.«

Die Haare zu färben, ist weniger aggressiv als Dauerwellen, weil die Farbmoleküle nur in den Haarschaft eindringen, ihn aber nicht umstrukturieren. Ein Teil des bis zur Kopfhaut aufgetragenen Färbemittels wird absorbiert. Von den dunklen Farbtönen sollte man aufgrund ihrer chemischen Zusammensetzung am ehesten absehen. Die Färbemittel werden natürlich so nah wie möglich an den Haarwurzeln aufgetragen, um das Wiedererscheinen der natürlichen Farbe möglichst lange aufzuschieben. Es ist ratsam, einen gesunden Abstand zu den Wurzeln zu bewahren, auch wenn Sie Ihr Haar dann öfter färben müssen.

Der Prozess des Bleichens entzieht dem Haar Farbmoleküle und setzt ebenfalls so nahe wie möglich an der Kopfhaut an. Strähnchen werden kaum direkt an der Kopfhaut angesetzt. Mildere Färbemittel werden lediglich ins Haar gewaschen. Sie streichen quasi das Haar an und waschen sich nach einigen Wochen aus. Da gefärbtes Haar mehr Volumen hat, bleichen und/oder färben manche Friseure die Haare nur, um diese Nebenwirkung für ihre Kunden zu erzielen. Dieses kurzweilige Volumen raubt allerdings dauerhaften Glanz, Lebenskraft und Elastizität.

Es wird vermutet, dass krebserregende Substanzen, die in chemischen Haarbehandlungen enthalten sind, ihre schädliche Wirkung erst nach einem langen Zeitraum zeigen. Wenn Studien Frauen miteinbeziehen, die ihre Haare seit mehr als zwei Jahrzehnten färben, steigt die Korrelation zu verschiedenen Krebsarten drastisch an. Viele Frauen beginnen als Teenager, chemische Haarprodukte anzuwenden. Wenn sie in ihren Dreißigern sind, haben sie im Schnitt 15 Jahre lang alle zwei Monate Färbemittel und zweimal im Jahr eine Dauerwelle benutzt und damit zumindest ihr Immunsystem und die wesentlichen Organe belastet.

Chemiefreie Dauerwellen gibt es nicht. Nur chemische Manipulation kann die molekulare Struktur des Haars dauerhaft und garantiert verändern. Hersteller können durch die Begriffe »Bio« und »natürlich« den Eindruck erwecken, dass ihr Produkt eine natürliche Dauerwelle sei. Im besten Fall enthalten Dauerwellen mit dieser Beschriftung zusätzlich zu den Chemikalien Enzyme, Vitamine und Öle, die die Aggressivität der Dauerwelle zwar mildern, aber nicht aufheben können.

TIPP *Vielen von uns gefällt die Idee, natürliche, gesunde Haare zu haben, aber wenn es um das Färben geht, wissen wir einfach nicht, wie wir den Übergang gestalten sollen und das haben können, was wir anscheinend nur mit Chemie erreichen.*

Färbemittel, die auf Pflanzenbasis basieren, wie Kamille, Rhabarber, Salbei, Kaffee und Henna, tragen dazu bei, gesündere Produkte zu entwickeln. Bitten Sie Ihren Friseur, Ihnen bei dem Übergang zu naturbelasseneren Mitteln zu helfen.

Wenn Sie schwanger sind oder stillen, Haar- oder Kopfhautprobleme haben, an einer chronischen Krankheit leiden, in Ihrer Familiengeschichte Krebs oder Immun-

systemkrankheiten vorkommen, vermeiden Sie die zusätzliche Belastung durch chemische Haarbehandlungen. Allgemein wird schwangeren Frauen von Dauerwellen abgeraten. Ein Grund ist, dass Haare während der Schwangerschaft wegen hormoneller Veränderungen die Dauerwelle manchmal nicht halten können. Tatsache ist, dass der Fötus die absorbierten Chemikalien durch den Blutkreislauf aufnimmt.

Luft – Expandierend – Yang

Der ideale Haarschnitt ist aerodynamisch, so dass das Haar sich frei durch den Raum bewegen kann. Wenn Sie Ihr Haar bürsten und es dann schütteln, fühlen Sie seine losgelöste Bewegung.

Von innen: Atmen

Beim Geben oder Empfangen eines Haarschnitts werden häufig tiefe bis normale durch flache Atemzügen ersetzt. In der Kindheit hörten wir, dass wir während des Haareschneidens still sitzen und uns nicht bewegen sollen. Automatisch hielten wir dann den Atem an.

TIPP *Natürlich müssen abrupte Bewegungen vermieden werden, aber versuchen Sie auch dann weiter tief zu atmen, wenn der Friseur mit seiner Schere ganz dicht an Ihrem Gesicht ist. Das gesamte Haarschneideerlebnis profitiert von entspannter und ruhiger Atmung.*
Atmen Sie für Ihr Haar. Atmen Sie in Ihr Haar hinein und stellen Sie sich vor, wie der Atem von Ihren Lungen bis in die Haarwurzeln hochsteigt und den Körper durch die Haarspitzen verlässt.

Lufttrocknen

Am besten trocknet man frisch gewaschenes Haar im Haus oder draußen bei gemäßigter Temperatur an der Luft. Wenn Wetter, Zeitdruck oder Stylingbedürfnisse dieses nicht erlauben, trocknen Sie Ihre Haare mithilfe von Handtüchern und bewusst eingesetztem Fönen.

Wickeln Sie sich nach dem Haarewaschen ein Handtuch um Ihren Kopf. Pressen Sie längeres Haar noch in der Dusche sanft aus. Drücken Sie das Handtuch an den Kopf, damit es die Feuchtigkeit aufnehmen kann. Vermeiden Sie das Reiben von Haaren, besonders wenn diese länger als fünf Zentimeter sind. Durch starke Reibung rauen unser Haare auf und brechen. Nehmen Sie einfach ein zweites trockenes Handtuch und wiederholen Sie den Vorgang. Bei sehr langen Haaren können Sie sogar ein drittes Handtuch nehmen. Das letzte Handtuch sollte dann als Turban um den Kopf gewickelt bleiben, damit Kopfhaut und Haare von innen durch die Körpertemperatur gewärmt werden. Das Trocknen mit einem Handtuch reduziert die Zeit, die Lufttrocknen oder Fönen benötigen würden. Mit einem Handtuch um den Kopf ist man beweglicher und kann Dinge tun, die beim Fönen unpraktisch wären. Nehmen Sie nach ein paar Minuten den Handtuchturban ab und lassen Sie Ihr Haar an der Luft trocknen. Baumwollhandtücher eignen sich am besten. Kämmen oder bürsten Sie das Haar erst, wenn es ungefähr zu zwei Dritteln trocken ist, sonst dehnt es sich zu stark und verliert im Laufe der Zeit seine Elastizität.

Fönen vermehrt elektromagnetische Störungen (Elektrosmog) und trocknet Haar und Kopfhaut aus, so dass sich weitere Haarprobleme wie Schuppen, fettiges Haar oder Haarbrüchigkeit ergeben können. Wenn Sie den Fön ausschalten und das Haar ganz trocken ist, haben Sie es schon ausgetrocknet. Viele Menschen fönen ihr Haar, um sein Volumen zu vergrößern oder eine bestimmte Form zu erzielen. Hat man sich erst einmal an das leichte, luftige Haargefühl gewöhnt, fühlen sich Haare im ungefönten Zustand nicht mehr gut an. Für manchen bedeutet es körperlichen und psychischen Stress, wenn nicht gefönt werden kann.

TIPP *Hören Sie mit dem Fönen auf, wenn das Haar noch ein kleines bisschen feucht ist, und lassen Sie es an der Luft zu Ende trocknen. Je weniger Hitze, desto besser für die Haare.*
Verminderung der Temperatur und Verkürzung der Fönzeit sind erste Schritte, die Sie machen können, um unabhängiger vom Fönen zu werden. Je besser der Haarschnitt, desto weniger muss gefönt werden.

Die Qualität des Föns ist entscheidend. Es gibt Föne, die angenehm leise sind, geringeren Elektrosmog verbreiten oder beim Fönen negative Ionen produzieren, was die Haare viel sanfter trocknet.

Tipps für mehr oder weniger Haarvolumen

- Bürsten gegen den Strich bauscht das Haar auf, während Bürsten in Wuchsrichtung die Haare dichter an die Kopfhaut anschmiegt.
- Stecken Sie das Haar während des Trocknens mit Haarkämmen und Bändern hoch (über Nacht oder nach dem Waschen des Haars), das verleiht dem Haar Fülle. Auf dem Haar zu schlafen, macht es flacher.
- Ausgewählte natürliche Haarpflegeprodukte, die das Haar etwas austrocknen, schaffen Volumen. Generell wird das Haar durch Wasser, Feuchtigkeit und Öle schwerer, Luft hebt es an.
- Manches lockige oder wellige Haar wird durch Feuchtigkeit noch lockiger, was zu mehr Volumen führt.
- Nasskaltes Regenwetter lässt das Haar trotz Regenschirm klamm und leblos am Kopf kleben. Wenn man unterwegs ist, hilft nur eins: sich kurz ins Badezimmer zurückziehen und mit leidenschaftlichem Yin- und Yang-Bürsten und Lufttrocknen wieder Leben und Volumen in die Haare zu bringen.
- Wenn Sie ausdrücklich kaltes Wasser vermeiden, damit Ihr Haar flacher aussieht, sollten Sie auch auf ganz heißes Wasser verzichten, weil es auf Dauer das Haar trocknet auf diese Weise ebenfalls voluminöser macht. Bürsten Sie lieber und beschweren Sie Ihre Haare mit Ihrem körpereigenen Haaröl.
- Ballerinas, Tänzer und Schauspieler binden ihr Haar oft stramm zurück, was mit der Zeit zum Zurückgehen des Haaransatzes und zur Vergrößerung der Stirn führt (Druck-Zug-Alopezie). Hinzu kommt, dass kein Haar herausgucken darf und deshalb mit Haarspray »festgeklebt« wird. Häufig werden auch Perücken getragen. Wenn Sie Ihre Haare gern stramm nach hinten wegbinden oder eine Kopfbedeckung tragen, so sind diese Volumentipps sowie das Yin- und Yang-Bürsten ein guter Ausgleich für Ihr Haar.

Kopfbedeckungen

Zwei Drittel der Erdbevölkerung tragen Kopfbedeckungen zum Schutz, aus religiösen oder modischen Gründen. Kopfbedeckungen können Druck auf den Kopf ausüben, was zu Verspannungen, Kopfschmerzen, zur Erschöpfung der Haarwurzeln und Haarausfall führt. Hüte, Arbeitshelme und Schirmmützen drücken auf die Arterien und Venen, die an den Seiten des Kopfes entlang laufen, hemmen den freien Blutfluss und damit die Sauerstoffzufuhr zu den Haarwurzeln.

TIPP *Benutzen Sie Kopfbedeckungen aus Baumwolle, Seide oder anderen »atmenden« Materialien, um Kopfhautstörungen wie Schuppen oder Haarausfall vorzubeugen, die dadurch verursacht werden, dass die gesteigerte Temperatur und der Mangel an Luft einen idealen Nährboden für Bakterien schaffen. Unter einem Motorradhelm sind die Haare einem feuchten, verschwitzten Milieu ausgesetzt, hervorgerufen durch synthetische Materialien. Ein Seidenschal oder eine Seidenkappe zwischen Haar und Helm heben den direkten Kontakt zum Kunststoff auf. Perücken, die regelmäßig oder sogar täglich benutzt werden, können die gleichen Haarprobleme wie andere Kopfbedeckungen verursachen. Haare und Kopfhaut brauchen Luft und Licht. Perücken und Haarteile werden aus Menschenhaar, Tierfell oder künstlichem Haar hergestellt. Die Basis einer Perücke oder Haarteils besteht gewöhnlich aus Kunststoff. Die meisten haben ein gewebtes Netz, das eine Belüftung ermöglicht, jedoch trägt dieses zusätzliche Material zur Erhitzung der Kopfhaut bei. Eine Perücke wärmt wie eine Wollmütze. Wenn Sie eine Perücke tragen, lassen Sie Luft an Ihre Kopfhaut und setzen Sie sie sooft wie möglich dem Tageslicht aus.*

Gespaltene und brüchige Haare

Gewöhnlich gibt es immer mehr gesunde als gespaltene Haare. Die Haare, die sich spalten, entwachsen oft der Haarkrone, dem höchsten Teil des Kopfes, bedecken als Ponyhaare und Deckhaare den Rest der Haare und leiden von daher am ehesten unter Klimaeinflüssen, chemischen Haarbehandlungen, Stylingprodukten wie Sprays und Gels und synthetischen Materialien im direktem Kontakt mit dem Haar. Ein gespaltenes Haar kann nicht wieder zusammengefügt werden. Kommerzielle Kittmittel halten ein bis zwei Wochen und sind nützlich, wenn brüchiges Haar gefärbt werden soll, doch ihre Ablagerungen trocknen das Haar zusätzlich aus.

TIPP *Vermeiden Sie synthetische Kissenbezüge, die in Kombination mit viel Bewegung während des Schlafs die Haarqualität beeinträchtigen können. Das Flechten von langem Haar kann helfen. Binden Sie aber das Haar nicht immer an der gleichen Stelle zusammen.*

Accessoires aus Kunststoff und Metall verursachen Reibung und tragen bei extremem Gebrauch auch zum Austrocknen und Spalten der Haare bei.

Manche Pflegeprodukte können trockenes Haar durch äußeres Einölen vor dem Brechen bewahren. Doch geht es hier mehr um einen hinauszögernden als um einen heilenden Effekt. Die zwei Lösungen für gespaltenes Haar sind: Abschneiden und Vorbeugen.

Gespaltene Haare müssen mindestens einen Zentimeter über dem offensichtlichen abbrechenden Ende abgeschnitten werden, denn mithilfe eines Mikroskops wird deutlich, dass die Spaltung höher beginnt, als mit bloßem Auge erkennbar ist.

Zur Vorbeugung gehört die Anregung des Blutkreislaufs durch Bürsten, Massage und Körperübungen. Wenn Sie gespaltene Haare haben und Ihnen die Länge Ihres Haars nicht so wichtig ist, ist es natürlich am einfachsten, mit einem kürzeren Haarschnitt das Problem zu korrigieren. Von da an können Sie neue Haarpflegeprodukte und -gewohnheiten ausprobieren und Ihre Ernährung verbessern.

Wenn Sie Ihr Haar lang wachsen lassen wollen und es immer bei einer gewissen Länge bricht, kann nur ein gezieltes Schneiden der gespaltenen Haare helfen. Dazu müssen Sie einen Friseur finden, der sich die Zeit nimmt, das Haar im trockenen Zustand dort zu schneiden, wo die meisten gespaltenen Haare auftreten. Das Verfahren wird etwas leichter, wenn kleine Haarsträhnen festgehalten und dann leicht gedreht werden, weil dann die gespaltenen Haarenden abstehen. Diese Arbeit ist relativ anstrengend für den Friseur, weil die Arme und Augen in ein und derselben Position gehalten müssen. Manchmal sind 15 bis 20 Minuten nötig, um dem Haar als Ganzem über diese Schwelle hinwegzuhelfen.

Einen Haarschnitt zu erhalten, ist ein wesentlicher Teil natürlicher Haarpflege, weil er uns und unser Haar erneuert, verändert und anregt. Der Akt des Haareschneidens vereint alle fünf Elemente in sich und kann das Wohlbefinden und den Energiehaushalt eines Menschen positiv stimulieren. Das Schneiden selbst ist eine Form aggressiver, männlicher, feuriger Yang-Energie. Das Kämmen, Streiche(l)n und Waschen der Haare ist weiblich, sanft und beruhigend und gehört zu den Yin-Elementen Erde und Wasser. Das Luft-Element kommt im Zusammenspiel von Energien und Atmung zum Ausdruck.

Das Element Äther ist die Substanz, durch die alle anderen Elemente fließen. Äther symbolisiert das Wissen, dass Haare lebendig sind, eine besondere Form der Energie darstellen und mit Dingen weit über das Sichtbare hinaus verbunden sind.

Das Yin und Yang der Haarpflege

Das Yin- und Yang-Symbol repräsentiert die Ganzheit und Harmonie aller weiblichen und männlichen Aspekte. Auf verschiedene Lebensbereiche angewandt hilft es uns, ins Gleichgewicht zu kommen. Die zwei Punkte symbolisieren, dass das Yin-Element im Yang-Element enthalten ist und umgekehrt.

Machen Sie sich klar, ob Sie für Ihre Haare mehr Yin oder Yang brauchen, oder was Ihnen von beiden fehlt.
Machen Sie sich bewusst, was Sie warum und auf welche Weise für Ihr Haar erreichen möchten. Indem Sie das tun, erhöhen Sie Ihre Motivation und kommen Ihrem Traumhaar Stück für Stück näher:

- Visualisieren und beschreiben Sie das Resultat, das Sie erreichen möchten (Haarlänge, Stil, Qualität, Image).

Yin und Yang der Haarpflege

- Begründen Sie, warum Sie dieses Ziel erreichen möchten und wie Sie sich dann fühlen werden.
- Entscheiden Sie sich für die Anwendung von mindestens vier natürlichen Haarpflegetipps, die Sie jetzt anwenden werden, um Ihrem Ziel näher zu kommen (auf körperlicher, geistiger Ebene, allein oder mithilfe einer Fachfrau/eines Fachmanns).

Schon nach wenigen Tagen sollten Sie eine Verbesserung wahrnehmen. Für eine deutlichere Verbesserung erlauben Sie Ihrem Haar einen Zeitraum von 90 Tagen. Machen Sie ein Foto von sich und dann noch mal eines nach drei Monaten, um den Prozess zu dokumentieren.

Wie die Rhythmen der Natur die Haare beeinflussen

Unser Haar wird nicht nur durch die Kraft der Elemente belebt, sondern auch durch die Rhythmen der Natur. Haar wächst und verändert sich in seinem eigenen Rhythmus. Gleichzeitig ist es Teil größerer Rhythmen, die durch den menschlichen Körper, die Erde, das Sonnensystem und das Universum pulsieren. Besonders die zwei rhythmischen Zyklen, die sich dadurch ergeben, dass unsere Erde um die Sonne kreist und vom Mond umkreist wird, beeinflussen unser Haar und können zur Verfeinerung der Haarpflege genutzt werden.

Der Sonnenzyklus

Die Erde braucht 365 1/4 Tage, um die Sonne zu umkreisen. Die Erdachse ist in einem Winkel von 23,5 Grad geneigt, was zu unseren Jahreszeiten führt.

Die Jahreszeiten beeinflussen alles Leben auf diesem Planeten und somit auch unser Haar. Im Gegensatz zu Pflanzen und Bäumen, die ihre Farben mit jeder Jahreszeit ändern und im Herbst ihre Blätter und Blüten verlieren, behalten wir unser Haar über Jahre. Würden wir Menschen jeden Herbst unsere Haare verlieren, gäbe es kein langes Haar.

Haare fallen manchmal stärker im Frühling oder Herbst aus und haben in der Sommerhitze mehr Fülle. Die Haare einiger Menschen wachsen im Herbst und Winter schneller, als ob der Körper sich einen Winterpelz zulegen wollte. Hunde- und Katzenbesitzer beobachten auch unterschiedliche Zeiten, zu denen ihre Tiere mehr Haare verlieren.

TIPP *Beobachten Sie, wie Ihre Haare mit den Jahreszeiten verbunden sind.*
Die bedeutungsvollsten, »rhythmischen« Zeiten des Jahres für einen Haarschnitt sind um die Winter- und Sommersonnenwenden und die Tagundnachtgleichen herum. Zusätzlich können Sie auch Haarschneidetermine zwischen diesen optimalen Zeitpunkten wählen. Gewöhnlich sind die Wurzeln des Haars während der Wintermonate schläfriger und aufgrund des kälteren Wetters bietet es sich an, das Haar dann etwas länger zu tragen. Das Haar

von lang auf kurz zu schneiden oder abzurasieren, geschieht am sinnvollsten zwischen Frühlingsanfang und Sommerbeginn, weil im Frühling die Kräfte der Natur aufsteigen und es im Sommer am wärmsten ist.

Mondrhythmen

Die Sonne gibt uns das Licht zum Leben. Der Mond reflektiert das Sonnenlicht und beeinflusst unser Leben ebenfalls in vielerlei Weisen.

Am Neumond befindet sich der Mond zwischen Sonne und Erde und das Sonnenlicht fällt auf die Seite des Mondes, die wir nie sehen können. Nur sein Schatten fällt auf die Erde. Die Zeit zwischen Neumond und Vollmond ist die zunehmende Phase. Der Mond wird voller, während seine rechte Seite mehr und mehr in Licht gebadet wird. Vollmond haben wir, wenn sich die Erde zwischen Sonne und Mond befindet. Dann fällt das Sonnenlicht auf die Oberfläche des Mondes und rückt ihn in den Vordergrund. Da die Erde sich dann inmitten des Spannungsfeldes von Sonne und Mond befindet, ist die Vollmondzeit intensiver als die Neumondzeit. Die Nacht wird zum Tag und das zusätzliche Licht stimuliert den Eisprung, Geburten, Emotionen, Romantik, Sexualität, Wachstumszyklen, Appetit und auch kriminelle Aktivitäten.

Die Zeit zwischen Vollmond und Neumond ist die abnehmende Phase, und die linke Seite des Mondes wird zu einer Sichel.

TIPP *Die zwei Wochen des zunehmenden Monds sind gut für den Start neuer Projekte geeignet, und bezüglich Haare dient diese Phase dazu, ihr Wachstum anzuregen. Die abnehmende Phase ist eher für das Überarbeiten und Loslassen von Dingen oder für Diäten und Entgiftungen günstig. Sie stäkt das Haar von innen.*

Der Mondzyklus und die Astrologie sind Alltagshilfen, um im Einklang mit der Natur und der Zeit zu sein. Integrieren Sie den Mondzyklus durch persönliche Erfahrung und Beobachtung in Ihren Alltag. Nacht für Nacht zu beobachten, wie der Mond voller und wieder schmaler wird, entwickelt ein Gefühl für seine Kraft.

Mondlicht trinken

Die meisten Menschen nehmen die Energie des Mondes dadurch auf, dass sie seinem Licht ausgesetzt sind oder indem sie ihn ansehen. Probieren Sie diese stärkende Tai-Chi-Übung aus: Stellen Sie sich so hin, dass Sie den Mond sehen können. Lassen Sie Ihre Arme entspannt an der Seite hängen und platzieren Sie Ihre Hände in Höhe der Nieren auf den Rücken, um die Energie im Körper zu halten. Atmen Sie mit offenem Mund und beim Einatmen trinken Sie das Mondlicht. Mondlicht kühlt, beruhigt und verjüngt. Lenken Sie Ihren Atem zu den Teilen Ihres Körpers, die Heilung brauchen, und zu Ihrer Kopfhaut und den Haarwurzeln. Führen Sie diese Heilatmung drei Minuten lang durch.

Über Jahrhunderte gesammelte Erfahrungen zeigen, dass die Mondphasen die Meere, unsere Emotionen sowie das Leben der Pflanzen und das Wachstum der Haare beeinflussen. Die Haare wachsen auf dem einzigartigen Boden unserer Kopfhaut wie eine Pflanze. Als »Haargärtner« pflegen und schneiden wir Haare, als wären sie ein kostbarer, blühender Busch. Sie in Harmonie mit dem Mondzyklus zu schneiden, folgt dem gleichen Prinzip, das Bauern und Gärtner anwenden, wenn sie ihre Saat pflanzen und das Gemüse ernten.

Durch die Kombination von Jahreszeiten, Mondzyklen und astrologischen Zeichen, in denen sich Sonne und Mond befinden, ergeben sich für jeden Monat mehrere günstige Haarschneidetage, um neuen Haarwuchs (Sähen) anzuregen, bestehenden Haarwuchs zu stimulieren (Wachsen, Blühen) und durch das Abschneiden der Haare ihre Fülle zu optimieren (Ernte). Diese Daten werden durch das Einbeziehen des individuellen Geburtshoroskops verfeinert.

Seit Jahren arbeite ich mit den Zyklen und setze sie besonders bei Kunden mit Haarausfall ein. Doch ist die astrologische Planung für den Friseurbesuch, Zahnarzttermin oder die Geschäftsreise nur so lange hilfreich, wie unsere Intuition für den besten Zeitpunkt ungehindert bleibt. Wenn Sie nichts mit Astrologie am Hut haben, gefällt Ihnen vielleicht diese Aussage: Der Mond ist immer voll!

Mond-Affirmation:
Wenn der Mond voller wird,
wird es auch mein Haar.
Wenn der Mond abnimmt,
erholt sich mein Haar,
sammelt Stärke von innen.

Umweltbewusste Haarpflege

Haare spiegeln den Zustand unseres Planeten wider: chemisch zerstört, ausgelaugt, aus dem Gleichgewicht geworfen, gleichzeitig natürlich wild, stark und schön in unendlichen Varianten, mit eigener Intelligenz und unendlichem Wachstumsdrang.

Die Blätter der Bäume leiden wie die Haare unter extremen Wetterbedingungen und Umweltverschmutzung. Welchen Effekt hat eine Dauerwelle auf meinen Körper und auf die Umwelt? Was passiert mit all den abgeschnittenen Haaren? Belastet Fönen mein Haar, meinen Körper und die Umwelt?

Natürliche Haarpflege reduziert Körper- und Umweltverschmutzungen, indem der Gebrauch von Chemikalien reduziert, ganz eingestellt und durch natürliche Alternativen ersetzt wird.

Recycling von Verpackungen und die Unterstützung von Geschäften, die Flaschen wieder auffüllen, sind genauso förderlich wie der Kauf biologisch-dynamisch angebauter Produkte für Körperpflege und Ernährung.

Sollten abgeschnittene Haare verbrannt, vergraben oder ins Wasser geworfen werden? Da die Erde und ihre Gewässer schon so viel Müll verarbeiten müssen, ist es angebracht, für ein Ritual das Element Feuer zu nutzen und die Haare zu verbrennen.
Wenn Ihre Intuition Sie drängt, etwas Bestimmtes mit Ihren abgeschnittenen Haaren zu tun, folgen Sie ihr. Abgeschnittene Haare können zum Beispiel kompostiert werden. Auch wenn sie Jahre brauchen, um sich aufzulösen, sind sie organisches Material und füllen den Boden. Die Energie, die sich in abgeschnittenen Haaren befindet, kommt dann dem Garten zugute.

Im Hair Garden auf Maui

Ganzheitliche Gesundheit für Körper, Kopfhaut und Haare

Haare sind mit unserer Gesundheit und dem gesamten physischen Körper verknüpft. Wir machen uns in diesem Kapitel mit den verschiedenen Arten von Haarausfall und ihren Ursachen vertraut. Alternative Therapien werden vorgestellt, um Ihnen bei der Entwicklung eines ganzheitlichen Gesundheitsprogramms für Ihr Haar behilflich zu sein.

Die Verbindungen zwischen Haaren und Körper

Alles in unserem Körper ist miteinander verbunden. Haare wachsen aus Haut und Kopfhaut und bedecken fast den ganzen Körper. Die Haarwurzeln werden vom Blutkreislauf genährt, Hormone haben eine ständige Wirkung auf das Haarwachstum und auf die Aktivität der Talgdrüsen. Zusammen mit dem Nervensystem hängen sie eng mit unserer emotionalen und mentalen Verfassung zusammen. Jede Wurzel ist mit Nervenenden verbunden, wodurch das Haar zu einem empfindlichen »Fühler« wird. Das Haar auf dem Kopf ist mit feinem Muskelgewebe verbunden und damit indirekt mit den Hauptknochen, die den Schädel zusammenhalten, verknüpft.

Was auch immer mit unserem Haar geschieht, es ist ein Ergebnis dessen, was unseren Körper und unser Gemüt beschäftigt. In diesem Sinne wird gut aussehendes glänzendes Haar normalerweise als Zeichen fließender Lebensenergie aufgefasst. Wenn wir krank sind, hängt unser Haar und fettet stärker, nicht nur weil wir bettlägerig sind und es nicht waschen, sondern weil der Körper seine Energie vom Haar abzieht, um sich auf das Organ zu konzentrieren, das die meiste Aufmerksamkeit braucht. Lungen, Nieren, Blase, Bauchspeicheldrüse, Milz, Herz, Leber und Gehirn haben dann höchste Priorität. Wenn der Körper gesund und wieder in Form ist, erholt sich das Haar.

Wenn Kopfhaut und Haare Hilfe brauchen

Die Gesundheit und Lebensspanne unseres Haars wird von erblichen Faktoren vorherbestimmt und darüber hinaus durch allgemeine Gesundheit, Lebenssituation und Haarpflege beeinflusst.

Die größte Sorge ist der Haarausfall. Über zwölf Millionen Menschen in Deutschland leiden an Haarausfall. Ungefähr 40 Prozent aller Männer und 25 Prozent aller Frauen erleben das Dünnerwerden der Haare vor ihrem 40. Geburtstag. Das zweitgrößte Haarproblem sind Schuppen in Kombination mit einer juckenden trockenen oder fettigen Kopfhaut.

Schädigungen durch chemische Behandlungen und das Ergrauen von Haaren gelten nicht als Haarkrankheiten. Graue Haare entstehen, weil der Körper die Produktion des Farbstoffs Melanin einstellt. Die Haarstruktur grauer Haare ist generell gröber und stärker.

Das Ergrauen hängt mit psychologischen und physiologischen Aspekten wie Ernährung, Altern und Stress zusammen. Vererbung, extreme Belastungen und chronische körperliche Leiden lassen Haare vorzeitig ergrauen.

Obwohl Haarverlust auf körperlicher Ebene nicht lebensbedrohend ist, kann er als solcher erlebt werden. Menschen haben Angst, aufgrund von Haarschwund oder Glatzköpfigkeit isoliert zu werden.

In der Öffentlichkeit wird dem Haarausfall als Erkrankung wenig Beachtung geschenkt. Doch ist Haarausfall immer Ausdruck eines Ungleichgewichts im Körper-Geist-Seele-Gefüge und eine detaillierte Diagnose der gesundheitlichen Situation des betroffenen Menschen ist notwendig.

TIPP *Wenn ein Haarwuchsmittel oder Verfahren keine befriedigenden Ergebnisse in drei bis sechs Monaten erzielt, ist es höchstwahrscheinlich nicht das richtige Produkt für Sie. Wenn Sie sich sagen hören »Ich habe alles versucht«, geben Sie trotzdem nicht auf. Aller Wahrscheinlichkeit nach haben Sie noch nicht alles versucht.*

Sammeln Sie Informationen, übernehmen Sie Verantwortung und werden Sie Ihr eigener Haardoktor. Entwerfen

Sie für Ihr Haarproblem einen Behandlungsplan. Sie werden in der Lage sein, sich mithilfe Ihres angeborenen inneren Selbstheilungsmechanismus zu heilen. Sobald Sie die Entscheidung treffen, diesen Prozess zu initiieren oder den Haarausfall aufzuhalten, werden die Zellen in Ihrem Körper folgen.

Das ganzheitliche Gesundheitsprogramm für Ihr Haar

Eine Lösung für alle Menschen,
die Haarausfall haben, gibt es nicht.
Aber es gibt eine Lösung für jeden Einzelnen.
Seien Sie Ihr eigenes Versprechen,
dass Ihr Haar nachwächst,
wieder gesund wird und bleibt.

Fangen Sie dieses Programm sofort, im Idealfall beim ersten Anzeichen von Haarausfall an. Bestimmen Sie zunächst, welche Art oder Kombinationen von Haarausfall Sie haben, oder welchem Haarproblem Sie vorbeugen möchten. Schließen Sie von den möglichen Ursachen so viele wie möglich aus und konzentrieren Sie sich auf die, welche eine Rolle spielen könnten. Dann informieren Sie sich über mögliche Therapien. Als Letztes entwickeln Sie Ihren Heilungsplan, der Ihr eigenes Engagement sowie professionelle Unterstützung erfordert.

Dieser Prozess erleichtert die Kommunikation mit Hautärzten und Friseuren und erspart unnötige Ausgaben für zu viele verschiedene Produkte und Dienstleistungen. Machen Sie sich Ihre Kraft, zu heilen und ein gesundes und glückliches Leben zu führen, bewusst. Wenn Sie anfangen, den Zustand Ihrer Haare und Kopfhaut zu verbessern, wird Ihr ganzes Wesen davon profitieren.

Die verschiedenen Arten von Haarausfall

Alopezia areata ist kreisförmiger Haarausfall. Eine oder mehrere Stellen auf der Kopfhaut, die einem unregelmäßigen Muster folgen, verlieren vollständig ihr Haar. Er ist mit einer allergischen

Reaktion vergleichbar, die sich in verschiedenen Flecken auf der Haut zeigt. Die Kreise sind leicht eingesunken, ganz glatt und aufgrund verminderter Blutversorgung weiß.

Die **androgenetisch bedingte Glatzenbildung** bei Männern folgt einem voraussagbaren Muster, das Haare von der Stirn, der Krone und dem Hinterkopf raubt, so dass lediglich ein Haarring übrig bleibt. Der androgenetische Haarausfall bei Frauen kann dem gleichen Muster folgen oder sich auch über die gesamte Kopfhaut erstrecken. Letzteres ist auch ein Grund, warum Haartransplantationen nur bei Männern durchgeführt werden. Sie haben das nötige Spenderhaar an den Seiten des Kopfes und oberhalb des Nackens.

Alopezia totalis bedeutet, dass eine Person alle Kopfhaare verliert, während bei der **Alopezia universalis** zusätzlich noch alle Körperhaare inklusive Augenbrauen, Wimpern und Schamhaare ausfallen.

Bei **Alopezia diffusa,** dem diffusen Haarausfall, fallen die Haare über die ganze Kopfhaut verteilt aus, was zu einem allmählichen Dünnerwerden der Haare führt. Männer und Frauen aller Altersgruppen können davon betroffen sein.

Generell wird ein Verlust von 50–100 Haaren pro Tag als normal angesehen. Wichtig ist allerdings Ihre eigene Wahrnehmung. Wenn Sie mehr Haare als gewöhnlich auf Ihrem Kopfkissen, im Badezimmer oder in der Dusche sehen, dann haben Sie Haarausfall.

TIPP *Wenn nur etwas mehr Haare als normalerweise ausfallen, kann es kurzzeitig jahreszeitlich bedingt sein. Aber wenn Sie die Anzahl der ausgefallenen Haare alarmiert, warten Sie nicht länger als zwei Wochen. Falls Sie Ihre Haare gerade lang wachsen lassen, können die ausgefallenen Haare aufgrund ihrer Länge einfach nach mehr aussehen.*

Äußerlich bedingter Haarausfall wird durch chemische oder elektrische Überstrapazierung des Haars, Chemotherapie, Bestrahlung, Unfälle und gesundheitsgefährdende Arbeits- und Umweltbedingungen verursacht. Wenn die Haut vernarbt und die Haarwurzeln und Follikel abgestorben sind, kann das Haar an dieser Stelle nicht mehr nachwachsen.

Die Ursachen von Haarausfall

Wenn Haarausfall oder andere Haarprobleme die Konsequenz einer belastenden Arbeitssituation, eines Umzugs oder psychologischer Traumata wie Trennung, Scheidung oder Tod von einem nahe stehenden Menschen sind, müssen wir einiges in unserem Leben ändern und heilen, wenn wir unsere Haare behalten oder wieder zum Wachsen bringen wollen.

Bei anderen Menschen bringt manchmal nur eine kleine Verbesserung ihrer Ernährungsweise oder Haarpflegepraxis sehr schnell einen enormen Erfolg. Die Ursache oder die Ursachenkombination des Symptoms Haarausfall zu finden, erfordert Detektivarbeit.

Kopfhauterkrankungen können das Wachstum gesunder Haare behindern. Normalerweise erneuert sich die Kopfhaut ununterbrochen und die Hautschicht wird unbemerkt ersetzt. Schuppen werden verursacht, wenn dieser Prozess exzessiv wird und die einzelnen Schuppen sich ansammeln, anstatt abzufallen. Ein geschwächter Blutkreislauf, unvollständiges Ausspülen des Shampoos, Infektionen, mangelnde Hygiene und eine ungesunde Ernährungsweise tragen zu dieser Situation bei. Trockene und fettige Schuppen können zu Kopfhautjucken führen. Die fettigen Schuppen sind klebriger durch den anhaftenden Talg.

Seborrhö ist eine Hautanomalie, bei der nicht nur die Talgdrüsen auf der Kopfhaut, sondern auch auf anderen Teilen der Haut überaktiv sind. Schuppen können einen infektiösen und damit ansteckenden Ursprung haben, da im Falle einer Infektion die Kopfhaut automatisch mehr Talg produziert, der eine leicht antiseptische Wirkungen hat: ein weiterer Grund, Kämme nicht mit Freunden oder Familie zu teilen. Hautwunden und Entzündungen (Dermatitis, Ekzeme, Psoriasis), Parasiten (Läuse, Ringwürmer) und bakterielle Erkrankungen können ebenfalls Haarausfall verursachen. Bei allen Kopfhautstörungen ist medizinischer Rat notwendig.

Androgenetischer Haarausfall, der durch Hormone und genetische Anlage bedingt ist, verursacht das Muster der Glatzenbildung. Diese am häufigsten auftretende Form des Haarausfalls betrifft Männer sowie Frauen. Die Beobachtung, dass kastrierte Männer nicht kahlköpfig werden, führte schon seit Urzeiten zu der Erkenntnis, dass Glatzenbildung etwas mit

Hormonen zu tun hat. Forschungen in den letzten Jahren haben gezeigt, dass Glatzköpfigkeit nicht nur durch einen hohen Anteil von Testosteron verursacht wird, sondern dass sich Dihydrotestosteron (DHT) an die Rezeptoren des Haarfollikels bindet, was deren Austrocknung zur Folge hat. Folglich wird nachwachsendes Haar dünner, bis schließlich keine neuen Haare mehr wachsen.

Diese genetische Disposition, der Prozess des Alterns, der wiederum genetischen Einflüssen sowie der Lebensführung unterliegt, sowie die männlichen Hormone haben Teil an der Glatzenbildung. Doch selbst wenn wir das Gen finden, welches das Dünnerwerden der Haare auslöst, ist dieses doch nur ein Ausschnitt des Gesamtbildes. Die Erklärung liegt in der Wechselwirkung von Körper, Geist und Seele. Unsere Gene und Hormone sind nicht von uns abgetrennte Größen, die über uns herrschen, sondern kleinere Einheiten unserer Ganzheit.

Normalerweise bekommen Menschen im höheren Alter graue und dünnere Haare, aber manche Menschen behalten ein Leben lang ihre Haarfarbe und Fülle. Menschen und Stämme, die in Harmonie mit ihrer Umwelt leben, zeigen verglichen mit so genannten zivilisierten Kulturen viel weniger Glatzenbildung. Der Stress moderner Gesellschaften und der Konsum konservierter und hoch verarbeiteter Nahrungsmittel schwächen den Gen-Pool.

Haargene können von beiden Großeltern oder Eltern auf ihre Kinder übergehen. Es gibt kein gleichmäßiges, logisches Vererbungsmuster.

Erbfaktoren sind auch nicht unbedingt innerhalb einer Familie gleich. Geschwister können von Anfang an ganz unterschiedliche Haare haben oder mit anfänglich ähnlichem Haar später verschiedene Anlagen wie zum Beispiel Locken oder glatte Haare entwickeln.

TIPP *Auch wenn Glatzenbildung in Ihrer Familie vorherrscht, bekommen Sie nicht zwangsläufig eine Glatze. Ich habe mit einigen Männern gesprochen, die sich früh im Leben entschieden, ihre Haare zu behalten. Ob es die Kraft der Gedanken war, die Entscheidung mit bewusster und liebevoller Haarpflege einherging oder sie einfach genetisch* *begünstigt waren, sie erreichten ihr Ziel, ihre vollen Haare zu behalten.*

Haarausfall und auch das Ergrauen der Haare tritt in Verbindung mit Stress, lebensbedrohlichen Krankheiten, Infektionen, Grippe, Erkältungen, schwacher Verdauung, Über- oder Untergewicht, hormonellen Unausgewogenheiten oder Veränderungen, emotionalen Traumata und Altern auf. Diese Zustände beeinflussen das empfindliche Ökosystem unseres Körpers, indem Mineral- und Vitaminmangel sowie Sauerstoffentzug das Haar matt aussehen und dünner werden lassen. Die Pille, Hormontabletten und Medikamente, die für verschiedene physische und psychische Leiden wie Bluthochdruck, Schilddrüsenstörungen, Angstzustände, Nervosität, Schlaflosigkeit und Depression verschrieben werden, können Haarausfall als mögliche Nebenwirkungen verursachen. Wenn Schlafmittel, Pillen zur Gewichtsabnahme oder Beruhigungsmittel missbräuchlich eingenommen werden, ist Haarverlust noch wahrscheinlicher.

Die Vergiftung durch Schwermetalle und auch Amalgamfüllungen in Zähnen verursachen Gesundheitsprobleme sowie Haarverlust. Der kreisrunde, totale und universale Haarausfall wird auch von Anämie, Scharlach oder Verletzungen des Nervensystems ausgelöst.

TIPP *Wenn Sie einen Arzt wegen Haarausfall konsultieren, bestehen Sie auf eine gründliche Untersuchung Ihres Gesundheitszustandes.*

Die Liste der Faktoren, die stressig für jeden Einzelnen sind, ist endlos. Aber die Liste der Möglichkeiten, den Stress auszugleichen, ist kurz: gesunde Ernährung, Sport, Massage, Schlaf, Entspannung und Meditation, kreative Lebensführung und Arbeitsmanagement.

Ernährung für Kopfhaut und Haare

Eine ausgewogene, vollwertige und »frische« Ernährungsweise, die sich gut anfühlt und Sie energetisiert, ist ideal für Kopfhaut und Haare. Produkte aus biologisch-dynamisch ausgerichtetem Anbau sind die beste Garantie für den Gehalt von wesentlichen Nährstoffen.

Alle grünen Gemüse wie Brokkoli, Spinat, Grünkohl, Erbsen, Bohnen, Salate und Gurken enthalten den Vitamin-B-Komplex und gelten als ausgezeichnete Haarnahrung. Weizengrassaft und Brennnesseln enthalten ausreichend Chlorophyll und bauen das Blut mit Eisen auf. Schwarze Melasse ist ebenfalls eisenhaltig. Algen (insbesondere Hijiki, Wakame und die Arame-Alge der Kelp-Familie) enthalten Spurenelemente, Mineralien, Aminosäuren, Chlorophyll, Enzyme und Vitamine in ihrer natürlichen Form.

Das umfangreiche Angebot an Nahrungsergänzungsmitteln, Mineralien- oder Vitaminpräparaten sowie Kräuterextrakten erfordert persönliches Forschen und möglicherweise die Fachkenntnis eines Arztes oder Ernährungsspezialisten. Es stehen ausgezeichnete Produkte zur Verfügung und doch wird viel umsonst geschluckt.

TIPP *Ein Produkt sollte Sie in irgendeiner Weise ansprechen, seine Bestandteile müssen mit Ihren Bedürfnissen übereinstimmen und wenigstens in ein paar Wochen körperliche oder psychologische Verbesserungen hervorrufen. Wenn Sie vergessen, ein Mittel einzunehmen, kann dieses als ganzheitliche Botschaft interpretiert werden, dass Sie das Mittel nicht mehr brauchen.*

Wie schwangere Frauen, die oft ungewohnte Essensgelüste entwickeln, folgen Sie Ihrem Instinkt, um Speisen auszuwählen, die Ihrem Körper gut tun und genau das enthalten, was Ihrem Haar momentan fehlt.

Vitaminpräparate, die speziell für das Haarwachstum entwickelt wurden, enthalten meistens Kombinationen der Vitamine A und Betacarotin (für vibrierende Farben und Sonnenschutz, ein Mangel kann sich in Form von trockener Kopfhaut und trockenem Haar zeigen), den gesamten B-Komplex (für die Dicke des Haarschafts), Vitamin C (hält die Fasern zusammen) und Vitamin E sowie Spurenelemente, Mineralien (Phosphor, Jod, Kalzium, Pothassium, Magnesium, Sodium, Eisen und Sulfur) und Proteine für verbesserten Blutkreislauf und Stärke des Haars. Silizea ist ein Mineral, das auch als Puder oder Flüssigkeit angeboten wird und den Zustand sowie die

Lebensspanne von Nägeln und Haaren verbessert. Das Mineral Zink ist aktiv am Prozess von schnell wachsenden Zellen beteiligt, dient ebenfalls der Stärkung des Haares, wird aber durch Stress, Schwitzen und Alkoholgenuss abgebaut.
Halten Sie die angegebene Dosierung ein. Zu viel wird nicht notwendigerweise zu mehr Haaren führen und schlägt im schlimmsten Fall ins Gegenteil um. Wenn Ihre Haare trocken sind, probieren Sie Leinsamenöl aus, da dieses notwendige Fettsäuren enthält. Wenn Ihre Haare durch chemische Behandlungen geschädigt sind, unterstützen Vitaminpräparate zwar den Körper mit der Bewältigung, aber die Lösung bleibt, einfach weniger Chemie ins Haar zu tun.
Die Einnahme von unraffiniertem Salz, pur oder in Kombination mit der Nahrungszubereitung, ist eine weitere Möglichkeit, den Bedarf an Spurenelementen und Mineralien abzudecken. Das Meersalz aus Guérande zum Beispiel enthält über 80 Spurenelemente und Mineralien in einer perfekten und ausgewogenen Formel, die viel einfacher von unserem Körper aufgenommen wird als raffiniertes Salz. (Eine Bezugsquelle finden Sie im Anhang.)

Eine gestörte Verdauung, ein verstopfter Darm, Candida, Über- und Untergewicht sowie drastische Änderungen der Essgewohnheiten sind oft übersehene Ursachen von Haarausfall. Ein verstopfter Darm kann die Aufnahme aller Bestandteile, die zu schönem glänzenden Haar beitragen, einschränken.

Ein übergewichtiger Körper verlangsamt seine Gesamtfunktionen, indem er die Organe, den Blut- und Lymphkreislauf und damit indirekt den Zustand der Haare schwächt. Untergewicht, Anorexie und Bulimie sind mit enormem Stress und einem Mangel an wesentlichen Nährstoffen verknüpft. Generell ermöglichen aber Fastenkuren und Darmreinigungen eine Grundreinigung des Körpers von Giften und überflüssigem Ballast.

TIPP *Bei starkem Haarausfall sollte eine drastische Änderung der Ernährungsweise oder eine Fastenkur erwogen werden,* *da diese den Körper zunächst zur Entgiftung und dann erst zur Gesundung anregt. Eine Alternative dazu wäre, von bestimmten Nahrungsmitteln abzusehen, also zum Beispiel sehr fettige, zuckerhaltige oder konservierte Speisen für wenigstens einen Tag pro Woche zu meiden.*

Was Kopfhaut und Haare nicht mögen

Warum haben manche Menschen trotz Rauchens, Alkoholkonsums und Fastfood prächtige Haarschöpfe? Wir sind alle mit einer anderen Konstitution geboren. Ein Körpertyp sagt: »Ich habe immer das bisschen Energie übrig, um meine Haare zu ernähren und um sie gesund zu halten, selbst wenn ich an einer lebensbedrohenden Krankheit leide.« Der andere Körpertyp sagt: »Sobald etwas aus dem Gleichgewicht gerät, werde ich mit meiner Energie haushalten und konzentriere mich auf das, was ich zum Überleben brauche.«

TIPP *Zu viel Kaffee und andere Genussmittel wie schwarzer Tee, Zigaretten und karbonierte und koffeinhaltige Limonaden beeinflussen negativ die Gesamtverfassung. Sie können zu gesteigerter Nervosität und Bluthochdruck führen und dadurch den Haarverlust begünstigen. Rauchen vermindert den Sauerstoffgehalt des Blutes, verringert dadurch die Nährstoffzufuhr und schwächt den Stoffwechsel jedes einzelnen Haarfollikels. Marihuanakonsum trägt zu trockenem und sprödem Haar bei. Zur Übersäuerung des Körpers führende Getränke und Speisen wie Kaffee, rotes Fleisch, raffinierter weißer Zucker und Weißmehlprodukte tragen zur Haarspaltung, vorzeitigem Ergrauen und Ausfall bei. Zu viel Zucker raubt dem Haar seine Elastizität. Künstliche Süßstoffe sind aufgrund ihrer zahlreichen gesundheitsgefährdenden Eigenschaften allerdings auch keine Alternative.*

Hormonale Einflüsse

Die Schwangerschaft sowie die Zeit nach der Geburt, die Einnahme oder das Absetzen der Pille und das Klimakterium können diffusen Haarausfall verursachen. Meistens wird das Haar während der Schwangerschaft aufgrund der Zunahme der Hormone (Östrogene) voller und strahlender. Das Haar kann sogar lockiger oder gerader werden und fällt nach der Geburt entweder wieder in seine vorherige Form zurück oder bleibt in der neuen.

TIPP *Wenn Sie während der Schwangerschaft oder nach der Geburt Haare verlieren, ist das ein Anzeichen für physische und emotionale Erschöpfung, Ernährungsdefizite und hormonale Unausgewogenheit (alle Haare treten sofort in die Telogenphase ein). Vertrauen Sie dem Lebenszyklus der Haare und geben Sie ihm angemessene Zeit, sich wieder einzuspielen, während Sie gleichzeitig Vorsichtsmaßnahmen ergreifen und nach geeigneten Wegen und Heilmitteln suchen.*
Bei Haarausfall im Klimakterium sollten Sie naturheilkundliche Alternativen zu Hormontabletten in Betracht ziehen, die Ihnen den Übergang erleichtern können.

Chemotherapie wird eingesetzt, um den Körper vom Krebs zu heilen. Sie zerstört alle schnell wachsenden Körperzellen, zu denen die Krebszellen, aber auch einige gesunde Zellen wie die des Haarfollikels gehören. Dieser Haarverlust ist vorübergehend. Sobald die Chemotherapie durchgeführt ist, fangen die Haare wieder zu wachsen an.

Bestrahlung zerstört die Krebszellen in einem spezifischen Gebiet des Körpers. Gewöhnlich tritt Haarverlust nur dann auf, wenn der Kopf direkt angestrahlt wird. Die meisten Frauen und Männer, die mit Chemotherapie behandelt werden, verlieren ihr Haar. Manche Menschen behalten ihre Haare, zum Beispiel wenn sie sehr langsam wachsendes Haar haben.

Zusätzlich zu einer lebensbedrohenden Krankheit auch noch mit dem Verlust der Haare fertig werden zu müssen, wird von sehr vielen Patienten nicht nur als deprimierend bezeichnet, sondern als Belastung, da sie durch den Haarverlust ihren gesundheitlichen Zustand offen zeigen müssen. Betroffene fühlen sich unattraktiv, verletzbar und nackt.

TIPP *Bei der Vorbereitung auf die Chemotherapie stärkt es manche Betroffene, die Haare ganz kurz schneiden zu las-*

sen oder ganz abzurasieren. Dadurch bekommen sie ein Gefühl der Kontrolle, was in dieser kritischen Lebensphase besonders gut tut.

Wenn die Haare nachwachsen, geben Kurzhaarschnitte mit klar definierten Linien durch die Stumpfschnitt-Technik dem Haar mehr Fülle und Kompaktheit. Das Haar wird als Ganzes dicker nachwachsen, wenn die Haarenden regelmäßig geschnitten werden.

Frauen haben es ohne Haare am schwersten. Eine kahlköpfige Frau zu sehen, berührt uns tief, erinnert an Schwäche, Krankheit und Tod. Unsere Gesellschaft nimmt haarlose Männer eher an, da wir durch Glatzen und die Kurzhaarschnittmode visuell daran gewöhnt sind. Wir reagieren auf haarlose Kinder mit dem tiefsten Mitgefühl. Doch auch Männer, die ihr Haar aufgrund von Chemotherapie verlieren, müssen sich auf ihr Selbstbewusstsein konzentrieren, damit sie der Haarverlust nicht zu sehr deprimiert.

In diesem Zusammenhang gibt es viele Beispiele selbstloser Unterstützung. So haben zum Beispiel Teenager ihre langen Haare der amerikanischen Organisation »Locks of Love« für die Herstellung von Perücken für krebskranke Kinder gespendet.

Manchmal wächst das Haar nach der Chemotherapie grau nach, was sich in manchen Fällen, wenn der Körper insgesamt wieder gesundet, wieder ändern kann. Ich traf sogar einmal eine Frau, die vor der Chemotherapie graue Haare hatte und im Laufe ihrer Genesung wieder ihre ursprüngliche Haarfarbe zurückerhielt. Überlegen Sie sich gut, ob Sie im Falle von grauem Haar wirklich eine chemische Farbbehandlung brauchen, die eine zusätzliche Belastung für Ihren Körper darstellt, der gerade viel durchgemacht hat.

Umweltbelastungen, die durch Industrieabfälle und Autoabgase entstehen und unsere Luft, Nahrung und Wasser beeinträchtigen, stellen eine gesundheitliche Bedrohung dar, auch für unser Haar. Bestimmte Arbeitssituationen in der Industrie oder im Friseursalon setzen Menschen Chemikalien aus.

In den letzten Jahrzehnten sind wir außerdem zunehmend elektromagnetischen Felder ausgesetzt. Elektrische Geräte wie Föne, Computer, Handys und das tägliche Leben inmitten von

Radio- und Fernsehwellen, Kabeln, elektronischen Netzwerken schwächen unseren Körper und schränken ihn ein. Auch wenn Haarausfall nicht direkt auf elektromagnetische Felder zurückgeführt werden kann, so ist doch der negative Einfluss auf unsere Gesundheit ein indirekter Faktor.

TIPP *Es gibt inzwischen Geräte, die unserem Körper helfen, sich vor diesem Elektrosmog zu schützen. Eine Alternative ist natürlich, den Gebrauch elektrischer Geräte einzuschränken. Sie können auch professionelle Rutengänger engagieren, die die Belastung in Ihrem Haus und an Ihrem Körper messen.*

Die Atombombenabwürfe über Hiroshima und Nagasaki oder die Kernkraftwerkskatastrophe von Tschernobyl zeigen uns unvergesslich, dass neben dem sofortigen Tod oder schwersten Körperschäden die Opfer der Radioaktivität ihre Haare verlieren. Weitere Nuklearversuche und Atomunfälle auf unserem Planeten erhöhen die Radioaktivität, der wir ausgesetzt sind.

TIPP *Setzen Sie sich nur dem absoluten Minimum an Röntgenstrahlen aus. Erkundigen Sie sich bei Ihrem Zahnarzt und Hausarzt nach technischen Alternativen zum Röntgen. Es gibt auch homöopathische und naturheilkundliche Mittel, die eingenommen werden können, wenn Sie geröntgt werden.*

Das **emotionale** und **mentale Befinden** einer Person beeinflusst die Kopfhaut und die Haare genauso wie den ganzen Körper. Unaufhörliche Sorgen, Depressionen, Unruhe, Nervosität, Traurigkeit, Ängste können Haarausfall verursachen.

Akzeptiere und handle

Akzeptieren bedeutet, sich selbst und seine Haare zu lieben, egal wie viele man noch hat. Konzentrieren Sie sich auf das verbleibende Haar, Ihr Gesicht, Ihren Körper und vor allem Ihre Persönlichkeit. Handeln Sie sofort, indem Sie Ihre Haare fürsorglich mit den besten Produkten und Werkzeugen behandeln. Wenn Sie Haare verlieren und sich darüber zu sehr sorgen und ärgern, oder

auch nur Resignation oder Gleichgültigkeit empfinden, verlieren Sie viel mehr als nur Ihre Haare. Dann verlieren Sie Energie und Freude. Jeden Tag etwas Vitalisierendes für Ihre Haare zu tun, verscheucht negative Gedanken und ermutigt Ihre Haare zu bleiben. Auch wenn es scheint, dass Sie keine Kontrolle haben, was den Haarausfall betrifft, so haben Sie Kontrolle über Ihre Gefühle. Der Haarausfall kann Sie nur herunterziehen, wenn Sie dieses zulassen. Die bloße Kopfhaut zu sehen, ist an und für sich nichts Furchtbares, nur eben das, was wir damit verbinden (Altern, Krankheit, Versagen, Einsamkeit). Wenn Sie sich auf jedes fallende Haar konzentrieren, dann werden Sie sich jedes Mal, wenn Sie sich sehen, deprimiert fühlen. Erwarten Sie, dass Ihre Haare vollständig nachwachsen. Wenden Sie das Prinzip »Der Geist ist stärker als die Materie« an und transformieren Sie den genetischen Code und Ihre gegenwärtige Herausforderung. Verändern Sie die genetische Disposition für die zukünftigen Generationen durch natürliches gesundes Leben. Erkundigen Sie sich umfassend, bevor Sie sich für ein Haarwuchsmittel oder einen Haarersatz entscheiden.

Niemand ist ein Verlierer, weil er Haare verliert. Wir sind Seelen, die in Körpern leben, und als solche strahlen wir in Millionen verschiedener Variationen und hängen dabei nicht von unseren Haaren ab.

Manche Menschen, die etwas mehr Haare als normalerweise verlieren, räumen diesem nicht viel Bedeutung ein. Die Chancen, dass sich der Haarausfall innerhalb von zwei Monaten – je nach Verfassung und Konstitution – von allein wieder gibt, sind groß. Doch wenn der Haarausfall sich über mehrere Monate hinzieht, sollten die Betroffenen in Aktion treten, denn Haare wachsen ja nur eine bestimmte Länge jeden Monat und das Gesamtvolumen wird dann erheblich reduziert.

Andere Menschen wiederum haben große Angst, ihre Haare zu verlieren. Wenn sie feststellen, dass sie weniger Haare als im Teenageralter haben, untersuchen sie Haaransatz und Hinterkopf täglich nach Kahlstellen. Doch lässt sich die Wahrnehmung leicht von Hoffnung und Sorge verzerren. Vergleichsfotos von Haaransatz, Wirbel und Scheitel, im Abstand von drei Monaten aufgenommen, sind da objektiver.

Sobald die meisten von uns den Haarausfall bemerken, tauchen Bilder von Perückenläden auf, wir fürchten Ablehnung, Isolierung, Einsamkeit und als krank betrachtet zu werden. Der Haarausfall kündigt scheinbar das Ende von romantischen Beziehungen, von Sexualität, Erfolg und Schönheit an. Innerhalb weniger Tage sind die Badezimmerregale voller Spezialshampoos und Tinkturen und die Küchentheke voller Vitaminpräparate. Mit den Besuchen bei Ärzten beginnt eine Phase endloser Spekulationen, die oft mit Schilddrüsenstörungen oder anderen hormonellen Problemen, der »einfachen« Erklärung des Stress oder der unabänderlichen Diagnose Vererbung, Klimakterium und Altern endet.

TIPP *Werden Sie innerlich ruhig und klar, so dass Sie zum richtigen Heilmittel und zur geeigneten Therapie geführt werden. Vertrauen ist essenziell, denn ohne Vertrauen herrscht Angst vor und Angst schwächt. Wenn Sie sich nach innen wenden und erkennen, dass Sie viel mehr sind als Ihre Haare oder das, was Sie mit Ihren Haaren verbinden, werden Sie wissen, was Sie tun müssen und wie Sie Ihre Haare behalten können. Jede Frau kennt ihre Antwort. Jeder Mann kennt seine Lösung.*

Erste Hilfe für dünner werdendes Haar

1. Setzen Sie sich in Ruhe hin und entspannen Sie sich. Treten Sie aus Ihrer gegenwärtigen Situation heraus und lassen Sie Angst, Panik und Sorge hinter sich. Nehmen Sie bewusst Kontakt mit Ihrem inneren Selbst auf. Konzentrieren Sie sich auf die Essenz, die Sie sind.
2. Schauen Sie sich Ihre Haare ganz neutral an.
   - Wann ist in letzter Zeit etwas aus dem Gleichgewicht gefallen?
   - War es die Infektion, die Sie hatten, Stress mit Ihrem Partner, den Kindern oder dem Umzug? Was ist passiert, das Ihrem Leben zusätzliche körperliche und emotionale Anstrengung bereitete?
   - Was ist schon lange im Ungleichgewicht? Welche Lebensbereiche haben Sie versucht zu verbessern? Woran leiden Sie schon seit geraumer Zeit?

- Sind es Ängste, Depressionen, Einsamkeit? Sind Sie mit Ihren Beziehungen unzufrieden? Mit Ihrer Karriere, Selbstverwirklichung? Was hat sich in den letzten Jahren angehäuft?
- Wie haben Sie in den letzten Jahren Ihre Haare behandelt?
- Seit wann setzen Sie Ihre Haare chemischen Behandlungen aus?
- Wie ist Ihre Ernährungsweise?
- Wie oft bekommen Sie einen Haarschnitt oder eine Kopfhautmassage?
- Wie reden Sie über Ihre Haare mit sich selbst und anderen? Beschweren Sie sich über die Farbe, hassen Sie Ihre Haare, so wie sie aussehen? Ignorieren Sie Ihre Haare? Schauen Sie jemals in den Spiegel und lächeln Sie sich und Ihre Haare an?

3. Dann schauen Sie wieder von innen auf Ihre Haare. Betrachten Sie sie als das, was sie sind, was sie für Sie bis jetzt getan haben, was Sie mit ihnen erlebt haben, das Gute und das Schlechte. Genauso wie Ihre Füße Sie durch das Leben getragen haben und Ihre Augen Ihnen die Welt eröffneten, so haben auch Ihre Haare Ihnen wie ein treuer Freund gedient. Manchmal fühlte es sich so an, als ob die Haare nicht kooperierten, und besonders jetzt fühlen Sie sich im Stich gelassen. Doch denken Sie auch an die Komplimente, die Sie erhielten, an die Zärtlichkeiten, die die Haare übermittelten, und erinnern Sie sich an subtile und dramatische Veränderungen, die Sie und Ihre Haare durchmachten.
   Wir können nicht erwarten, dass unser Haar von endlosen negativen Gedanken über uns und unser generelles Aussehen, von einem Mangel an guter Pflege und Ernährung, von beruflicher und privater Überlastung unberührt bleibt. Wenn Dauerwellen und Färben aufgrund eines Mangels an Eigenliebe und Annahme gewählt werden und weniger aus Experimentierlust, könnte die Botschaft »Ich mag euch nicht so, wie ihr seid« oder »Ich glaube nicht, dass ihr gut genug seid, um einen Partner oder eine gute Arbeit anzuziehen« sein.
   Führen Sie sich die positiven Eigenschaften Ihres Haars vor Augen, wenn Sie zurzeit vom Färben und von Dauerwellen abhängig sind.

4. Visualisieren Sie Ihre Heilung. Sehen Sie sich wieder mit gesundem Haar. Wenn die kahlköpfige Frau oder der schüttere Greis vor Ihrem inneren Auge erscheint, schieben Sie sie nicht weg. Schauen Sie sie an und akzeptieren Sie sie. Dieses kollektive Bild ist in uns allen, muss aber nicht gelebt werden. Sie sind das Baby, das Neue und das Alte, das Sterbende. Sie ist die Hexe vor ihrer Verbrennung und die Abgelehnte. Er ist der Abgeschobene und der Kranke. Spielen Sie mit diesen Archetypen und sehen Sie ihre Transformation von hässlich zu schön vor Ihren Augen, wenn Sie ihnen die Kraft der Entscheidung geben. Kahlköpfigkeit ist nur schrecklich, wenn es einem Menschen von anderen Menschen aufgezwungen wird. Umarmen Sie diese Archetypen und lassen Sie sie los.
5. Jetzt, in diesem Moment, in dem Sie Haare verlieren, glauben Sie wirklich, dass Sie vollständig kahl werden? Und was wäre Ihre größte Angst dabei?
   Das Bild des kahlköpfigen Selbst vor Augen glauben die wenigsten, dass es so weit kommen würde. Diese Einstellung und Botschaft aus dem Inneren ist das, worauf gebaut werden muss. Ja, es wird aufhören auszufallen. Und da Sie ja schon wissen, dass es aufhören wird, was muss passieren, damit das Haar nicht mehr ausfällt?
6. Nehmen Sie einen tiefen Atemzug und entspannen Sie sich. Verbinden Sie sich mit dem Unendlichen in sich selbst. Stellen Sie sich vor, wie Sie sich ausdehnen und öffnen, um die Ressourcen des Universums zu empfangen. Schicken Sie Ihre Bitte um Heilung hinaus, und bitten Sie um die Fähigkeit, entscheiden zu können, was für Sie richtig ist und was nicht, und um die Qualitäten des Vertrauens, der Eigenliebe und wahren Schönheit. Beenden Sie diese Meditation in einem Zustand der Zuversicht, dass Ihre Haare durch eine Krise hindurchgehen, aber dass Sie sich um sie kümmern werden.
   Verabschieden Sie sich von der Opferhaltung. Dann schlendern Sie intuitiv durch Ihr Lieblingslebensmittelgeschäft und lassen Sie sich von bestimmten Nahrungsmitteln energetisch oder visuell einladen. Lassen Sie Ihren Körper wählen. Er weiß genau, ob er Rosinen, Silicea oder Löwenzahn braucht. Zapfen Sie Ihren Instinkt an und greifen Sie nach den Beeren, die Ihnen Heilung bringen.

Eine Frau kam zu mir, nachdem sie drei Monate Haarausfall hatte. Die Haare fielen gleich nach einer neuen Haarfärbung aus. Etwa zum gleichen Zeitpunkt hatte sie einen mittelschweren Sportunfall. Obgleich die Färbung die Haarwurzeln in einen Schock versetzt haben kann und der Unfall sie sehr aus der Bahn geworfen hatte, hatte ich das Gefühl, dass das nicht der Hauptgrund für den Haarausfall war. Ich stellte ihr ein paar Fragen und sie antwortete, dass niemand gestorben sei, dass sie sich an keine größere Krise oder Krankheit, die dem Haarausfall vorangegangen sei, erinnern könne. Doch im Verlauf unseres Gespräches erwähnte sie, dass ihr Hund vor fünf Monaten gestorben war und sie anschließend eine leichte Blasenentzündung hatte. Sie hatte eine sehr enge Beziehung zu ihrem Hund gehabt und war sehr traurig. Die Blase hat auf psychosomatischer Ebene mit Trauern und Traurigkeit zu tun und schmerzvolles Urinieren kann als nicht herausgelassene Tränen interpretiert werden.

Darüber hinaus sind Blase und Nieren durch das Meridiansystem des Körpers mit den Haaren verbunden. Die Kundin hatte Tränen in den Augen, als sie ihren Hund erwähnte, ein definitives Zeichen, dass sie immer noch sehr stark emotional von seinem Tod berührt war. Eines der kollektiven Themen in Bezug auf Haarausfall hat mit Verlust besonders durch Tod zu tun. In ihrem Fall erschütterte der Tod ihres Hundes das sensible Gleichgewicht ihrer Psyche und hatte eine Auswirkung auf ihre Haare. Sie verbesserte ihre Haarpflege, indem sie anfing, regelmäßig zu bürsten, ihre Kopfhaut zu massieren und das Haarefärben und Haarspray einzustellen. Ihr wurde die emotionale Verbindung zu ihrem Haarausfall bewusst, was ihr zeigte, was sie heilen musste, um ihre Psyche wieder in ein Gleichgewicht zu bringen. Einen Monat später rief sie an und berichtete, dass ihre Haare nicht mehr ausfielen. Vier Monate später meinte sie, dass ihre Haare wieder normal seien.

Therapien für Kopfhaut, Haare und allgemeine Gesundheit

Haaranalyse nennt man den Prozess, den der Dermatologe oder Friseur durchführt, um den Gesundheitszustand der Haare festzustellen. Die Haaranalyse ist auch ein elektronisches Verfahren, das die genaue Zusammensetzung eines einzelnen Haars lesen kann. Dafür wird eine Haarsträhne ganz dicht an der Kopfhaut abgeschnitten, um ein möglichst aktuelles Ergebnis zu erhalten. Dann wird die Zusammensetzung von Spurenelementen und Mineralien analysiert und Defizite, Überschüsse und Vergiftungen im Körper werden notiert. Die Haaranalyse wird in der Medizin und Ernährungsberatung, aber auch als Spiegel für Umweltbedingungen und in kriminologischen Untersuchungen benutzt, um Drogenmissbrauch nachzuweisen und zusätzliche Informationen zu erhalten.

Tipp *Eine Haaranalyse hat das Potenzial, Ihnen bei Gesundheits- und Haarproblemen zu helfen, indem Sie den Nahrungswert, den Sie aus Ihrem Essen gewinnen, wiedergibt. Die Resultate zeigen zum Beispiel, ob Sie zu viel Kupfer konsumieren und nicht genug Zink, und der Heilpraktiker oder Ernährungsexperte kann dann eine Nahrungsumstellung oder Präparate empfehlen, so dass Sie dem Überschuss oder dem Defizit entgegenwirken können. Doch ist die Genauigkeit der Haaranalyse für den gesundheitlichen Bereich umstritten. Wenn die gleiche Haarprobe an verschiedene Labore geschickt wird, fallen die Ergebnisse möglicherweise unterschiedlich aus.*

Naturheilkunde, ganzheitliche oder alternative Medizinschulen fassen zahlreiche Heilmethoden zusammen, die alle aus der gleichen Philosophie entstanden sind. Alle lebenden Organismen haben eine innewohnende Fähigkeit zur Heilung und Erneuerung. Körper, Geist und Seele sind eins, von daher wird immer der ganze Mensch behandelt. Natürliche Haarpflege ist ganzheitliche Haarpflege, wenn unsere emotionalen, körperlichen und spirituellen Aspekte sowie unsere Kultur, Umgebung und unser Lebensstil mit unseren Haaren in Beziehung gebracht werden.

Klang- und Farbtherapien werden erfolgreich eingesetzt, um emotionale und körperliche Harmonie wieder herzustellen. In der Natur hören wir heilende Klänge wie Meereswellen, Wasserfälle, Regen oder Tierstimmen und wir sehen ein weites Spektrum an Farben in Vegetation, Regenbögen und Landschaften. Die richtige Ton- und Farbfrequenz von innen oder außen durch

Musik, Licht und Bilder kann das fehlende Teil des Gesundheitspuzzles sein.

Tipp *Der Ton »i« klingt im Kopfbereich und kann bei Haarproblemen gesungen werden. Die Töne »o«, »u«, »a« und »e« schwingen in den unteren Teilen des Körpers.*
Zusammen mit einem Farbtherapeuten können Sie die richtige Farbfrequenz und Farbkombination für sich herausfinden. Wenn ein Problem mit einem bestimmten Organ die Ursache für den Haarausfall ist, behandeln Sie das Organ und die Kopfhaut. Heilende Farben variieren von Mensch zu Mensch, aber im Allgemeinen werden Magenta und weißes reines Licht der Kopfhaut zugeordnet.

Wir suchen uns ständig Farben aus, von der Kleidung über die Tapete bis hin zu unserem Auto. Unbewusst oder bewusst wählen wir eine Farbe, die wir mögen oder brauchen. Andererseits akzeptieren wir die Farben unserer Umgebung, weil sie eben da sind. Wenn wir diese dann ändern und Farben einsetzen, die wir vorziehen und zu denen wir eine Beziehung haben, können wir sofort einen großen Unterschied feststellen, indem wir uns inspiriert oder beruhigt fühlen.

Schließen Sie Ihre Augen und stellen Sie sich vor, Sie sitzen in einem leeren, hellen, sonnigem Raum und tragen bequeme weiße Kleidung. Konzentrieren Sie sich auf Ihre Haare und schauen Sie sie einen Moment lang an. Auf einmal erscheint eine Wolke am Himmel. Es beginnt zu regnen, die Sonne scheint weiter und ein Regenbogen entsteht vor dem Fenster. Der Regenbogen strahlt und Sie nehmen seine sieben Hauptfarben wahr. Sie spüren den Impuls, einen dieser Farbstränge um Ihren Kopf zu wickeln. Atmen Sie die Farbe bis in die Haarwurzeln und die Haarspitzen ein.

Tipp *Sammeln Sie ein paar Stoffe, Schale, Hüte, vorzugsweise aus Seide und Baumwolle und idealerweise aus dem gleichen Material, nur in verschiedenen Farben. Benutzen Sie alle Farben des Regenbogens sowie weiß, schwarz, silber, gold, kupfer und andere metallische Farben. (In der Chi-*

nesischen Medizin werden die Haare dem Element Metall zugeordnet.)
Schließen Sie Ihre Augen und versuchen Sie die Farbe, die Sie tragen, zu spüren. Fühlt sie sich gut an? Schwächt oder stärkt sie Sie? Dann schauen Sie in den Spiegel und beobachten Sie, wie diese Farbe Ihnen steht. Wenn Sie eine Farbe ausgewählt haben, die sich gut anfühlt und gut aussieht, besorgen Sie sich einen Seidenschal in dieser Farbe und benutzen Sie ihn als Farbtherapiemittel für Ihre Haare. Tragen Sie es täglich und solange Sie wollen locker um Ihren Kopf gehüllt, bis Sie das Gefühl haben, dass Kopfhaut und Haare die Farbe energetisch absorbiert haben.

Halbedelsteine und Edelsteine sind zusätzliche Heilmittel, die uns eine ganz bestimmte Farbfrequenz und Schwingung übermitteln können, die unsere Gesundheit und Wohlbefinden steigern, indem sie die subtilen Energien unseres Körpers ausgleichen. Mit den Jahren habe ich eine Vorliebe für Bergkristalle, Jade, Amethysten und Rosenquarz entwickelt, um Kopfhaut und Haare zu unterstützen. Jedoch hängt die Wahl eines Edelsteins von Ihnen und Ihrem Therapeuten ab.

Die **Urintherapie** wurde schon vor über fünftausend Jahren erfolgreich von ayurvedischen Ärzten empfohlen. Die Urintherapie hat keine große Lobby, da sie kostenlos ist, widersprüchliche Reaktionen hervorruft und nicht jedermanns Geschmack ist. Urin enthält eine Fülle von Hormonen, Mineralien, Vitaminen, Aminosäuren, »freundlichen« Bakterien und natürlichen »Medikamenten«, die zahlreiche Formen von Krankheit heilen können. Eine Urinfastenkur kann bei chronischen und hartnäckigen Krankheiten und gelegentliche Urineinnahme bei akuten Beschwerden wie zum Beispiel geschwollenen Mandeln helfen.

TIPP *Bei Haar- und Hautkrankheiten, wie zum Beispiel Schuppenflechte, kann Urin äußerlich angewandt und/oder eingenommen werden. Besonders bei diffusem Haarausfall, der durch Stress und Organstörungen ausgelöst wurde, kann eine äußere Urinanwendung eine Möglichkeit zur Gesundung darstellen. Bitte informieren Sie sich vor*

Anwendung dieses uralten körpereigenen Heilmittels und sprechen Sie mit Ihrem Heilpraktiker.

Orientalische Medizin kombiniert die Verschreibung von Kräutern und die Wissenschaft der Akupunktur, um Krankheiten zu heilen. Um zu verstehen, wie orientalische Medizin funktioniert, muss man sich mit Meridianen (Kanäle der Lebensenergie), Akupunktur und Akupressurpunkten und den Reflexzonen vertraut machen, die zwar nicht mit unseren Augen gesehen werden können, aber deren Existenz dennoch wahrgenommen, gefühlt und mit unserem dritten, dem hellsichtigen Auge gesehen werden kann.

Es gibt 14 horizontal und vertikal angelegte Meridiane, die auf unserer Körperoberfläche entlanglaufen und mit den verschiedenen Organen und ihren physischen Funktionen verbunden sind.

Auf diesen Meridianen liegen hunderte von Akupunktur- und Akupressurpunkten. Wenn zum Beispiel ein oder mehrere Punkte am Fuß oder Bein genadelt oder gedrückt werden, kann dieses ein Organ, das weiter entfernt liegt, beeinflussen. Unsere Abbildung zeigt, wie die sieben Meridiane (zwei Blasen-, zwei Dreifache Erhitzer, zwei Gallenblasenmeridiane und der Hauptkanal) über den Kopfbereich laufen.

Man könnte den Eindruck gewinnen, dass Meridiane Linien sind, die plötzlich enden, da nur der Teil des Meridians gezeigt wird, auf dem sich Akupunkturpunkte befinden. Doch jeder Meridian ist mit einem Partnermeridian durch einen »unsichtbaren«, sprich akupunkturpunktlosen Pfad verbunden und formt einen Energiekreis.

Die Bewegungen des Tai-Chis und Qigongs bauen auf diesen Energiekreisen auf und arbeiten daran, den Energiefluss zu erhöhen und auszugleichen. Alle Meridiane treffen sich einmal auf dem Kopf und einmal im Gesäß. Der Punkt auf dem Kopf (in der Mitte und an der Stelle, wo der Hinterkopf beginnt) ist für uns am interessantesten und macht besonders deutlich, dass bei einem Haarschnitt immer alle Meridiane, direkt und indirekt berührt werden. Es geht um den GV 20 (Hauptkanalpunkt 20), der poetisch der »Punkt der hundert Treffen« genannt wird. In der indischen Philosophie ist dieser Punkt die »tausendblättrige

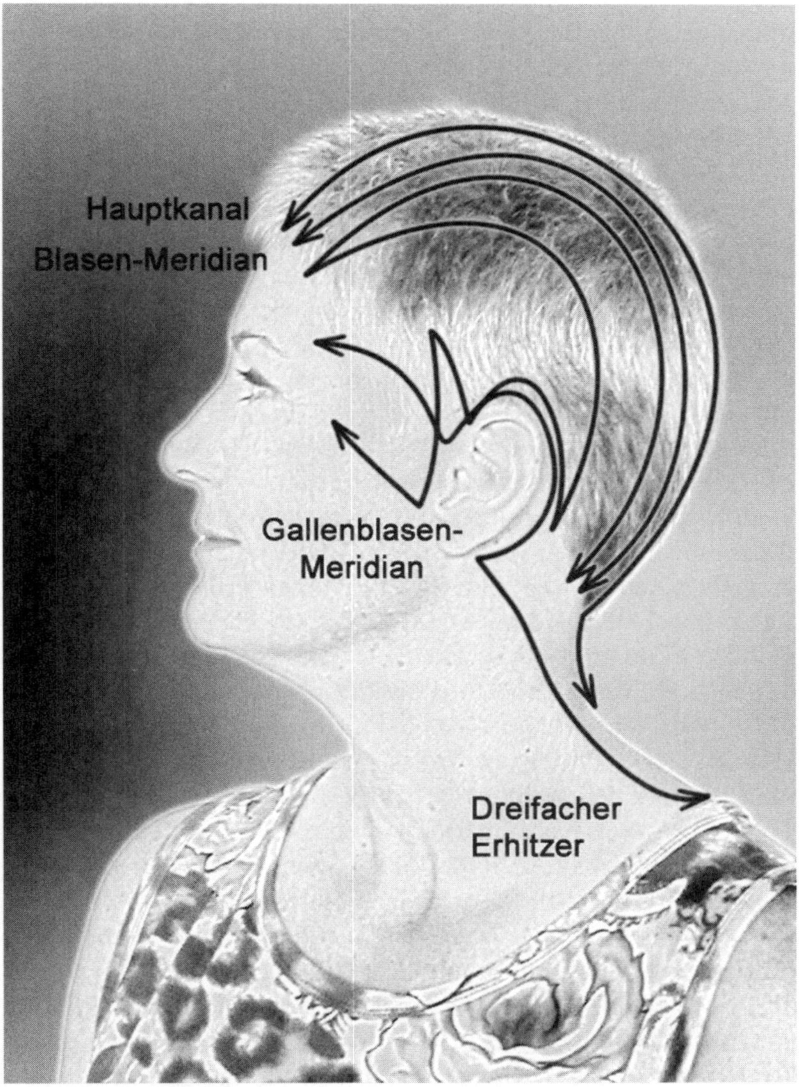

Verlauf der Meridiane über dem Kopf

Lotusblume« und bezieht sich auf das Kronenchakra. Dieser zentrale Punkt hat zahlreiche Heilungsfunktionen und wird auch bei der Behandlung von Haarausfall und vorzeitigem Ergrauen benutzt. Viele Menschen erleben eine Veränderung ihrer körpereigenen Energie während oder nach einem Haarschnitt. Durch das Wissen um die Meridiane kann leicht erklärt werden, warum man sich entspannter, energetisierter oder auch schlechter fühlen kann. Nur an den Haaren ziehen oder die Kopfhaut berühren reicht schon, um das energetische System des Körpers zu beeinflussen.

In der Akupunktur werden spezifische Punkte auf dem Körper genadelt. Die Nadeln werden nicht in die Haut hineingestoßen, sondern vorsichtig hineingedreht. Dabei wird kein Blut vergossen. Die Punkte sind untereinander und mit dem behandelten Organ nicht durch Nervenenden, sondern durch die Meridiane verbunden.

Die Akupunktur kann bei Haarproblemen helfen, indem der allgemeine Gesundheitszustand oder bestimmte geschwächte oder gestresste Organe verbessert werden. Obwohl alle Organe mit dem Haarwachstum in Beziehung stehen, sind Schwäche und Unausgeglichenheit der Bauchspeicheldrüse, der Lungen, der Blase und der Nieren am häufigsten an der Entstehung des Haarausfalls beteiligt. Die Lungen empfangen Flüssigkeit von der Bauchspeicheldrüse und wenn die Verteilung normal verläuft, glänzen Haut und Haare. Die Lungen sind der Ursprung der Lebenskraft, des »Chi«. Ihr Energiezustand manifestiert sich in Haut und Haaren. Die Nieren sind für die Filterung des Bluts verantwortlich und ein gesunder, reichlicher Blutfluss zur Kopfhaut ist einer der wichtigsten Faktoren in der Produktion neuer Haare. Die zwei Blasenmeridiane laufen über den ganzen Kopf den Rücken hinunter bis zu den Füßen. Menschen mit einer chronisch schwachen Blase können es meistens nicht vertragen, wenn sie bei kälterem Wetter mit nassen Haaren hinausgehen, und bekommen dann leicht eine Erkältung.

Die westliche Medizin diagnostiziert bei Haarausfall häufig eine geschwächte Schilddrüsenfunktion, während die chinesische Medizin Haarausfall als Folge von Blutmangel sieht.

Chinesische Kräuterpräparate gegen Haarausfall und das Ergrauen der Haare enthalten Substanzen, die das Blut und die Nieren stärken. »Fo-Ti Polygonum maltiflorum« (bekannt auch unter den Namen »Shou Wu Pian« und »Fountain of Youth«) sowie »Chuan Xiong« und »Ligastrum lucidium« werden bei vorzeitigem Ergrauen eingesetzt und sind in Formeln zur Stärkung des Haarwuchses enthalten. Doch sollte vor der Einnahme chinesischer Kräuter unbedingt ein Spezialist konsultiert werden. Fo-Ti kann zum Beispiel bei dem durchschnittlichen westlichen Betroffenen die Leber zu sehr erwärmen, was Depression oder Ärgerzustände auslösen konnte. Für diejenigen, die wenig Fleisch und Fett zu sich nehmen und keine überstrapazierte Leber haben, mag dieses Mittel bei Haarausfall hilfreich sein.[2]

Die bekanntesten und beliebtesten **Reflexzonentherapien** sind die Fuß- und Handreflexzonentherapie, die Iris-Diagnose und die Ohrakupunktur. Das ihnen zugrunde liegende Prinzip besagt, dass ein Teil des Körpers den gesamten physischen Körper reflektiert. Die Kopfhaut, die Ohren, die Hände, die Füße und die Augen sind Spiegel oder Reflexzonen des ganzen Körpers, inklusive all seiner Organe, der Haut und den Händen und Füßen selbst.

Die Reflexzonen 1, 2, 3 und 4 auf der Kopfhaut entsprechen folgenden Organen: Magen/Gedärme (1), Herz/Leber (2), Lunge (3), Nieren/Blase (4).

2 Pitchford, Paul: Healing with Food, North Atlantic Books, Berkeley, California 2002, S. 388–89

Indem bestimmte Punkte auf Füßen und Händen gedrückt werden, der Gesundheitszustand in der Iris abgelesen oder das Ohr massiert und genadelt wird, können die wichtigsten Organe und Körperfunktionen stimuliert und ausgeglichen werden. Durch Kopfhautmanipulationen, Massagen und das Hochziehen der Haare zum Schneiden können bestimmte Körperorgane gleichzeitig beeinflusst werden.

Ayurvedische Behandlungen sind wohltuend für Körper, Geist und Seele. Der ayurvedische Stirnguss (»Shirodara«) ist für die Transformation von Kopfhaut und Haaren die beste Wahl. Ein warmer Ölstrahl wird kontinuierlich über die Stirn gegossen und führt zu einer tiefen Entspannung des Nervensystems. Auf energetischer und physischer Ebene reinigt das Öl die Kopfhaut und die Haare durch Absorption von negativen Schwingungen und Giftstoffen.

Körpertherapien, wie zum Beispiel die Chiropraktik, Rolfing, die Alexander-Technik und Pilates, sind entwickelt worden, um die Körperhaltung zu verbessern. Ungünstige Körperhaltungen können genau wie asymmetrische Frisuren Kopf-, Hals-, und Schulterverspannungen verursachen, die den Fluss der Lebensenergie und des Kreislaufs zur Kopfhaut einschränken.

Beobachten Sie Körperhaltungen und gucken Sie sich dazu die Haare an. Untersuchen Sie Ihre eigene Körperhaltung im Sitzen, Gehen, Stehen, Liegen und im Spiegel. Spüren Sie das Gewicht Ihrer Haare.

Das Gewicht der Kopfhaare ist ein wichtiger, aber häufig vernachlässigter Faktor in Bezug auf das körperliche Wohlbefinden. Auch wenn ein einzelnes Haar kaum Gewicht hat, so kann doch ein Schopf langer Haare ein paar Pfunde wiegen. Da Haare der Schwerkraft unterliegen, ziehen sie ab einer bestimmten Länge an der Kopfhaut. Manche Langhaarträger beschweren sich über das Gewicht ihrer Haare, das im Extremfall chronische Kopfschmerzen verursachen kann.

TIPP *Wenn das Haar oben auf dem Kopf zu einem Knoten festgesteckt wird, spüren wir sein Gewicht am wenigsten. Wenn Sie diese Frisur nicht besonders mögen, tragen Sie*

diese nur, wenn Sie alleine sind, damit sich ihre Kopfhaut erholen kann.
Wenn Sie seit vielen Jahren lange Haare tragen, haben sich Ihr Kopf, Ihr Nacken, Ihre Schultermuskeln und Ihre Nerven dem Gewicht der Haare angepasst. Gestehen Sie Ihrem Körper beim plötzlichen Wechsel von langem auf kurzes Haar eine Gewöhnungsphase an das fehlende Haargewicht zu.

Während des Haareschneidens bitte ich meine Kunden immer, für ein paar Minuten aufzustehen. Die Haltung der Person mit einzubeziehen, vervollständigt das Bild und das Ausgleichen der Haare harmonisiert die Körperhaltung.

Die meisten Menschen fühlen sich nach einem Haarschnitt, selbst wenn nur ein paar Millimeter von der Haarlänge abgeschnitten werden, sofort leichter. Manche Menschen sind der Gewichtsverteilung ihrer Haare gegenüber sehr sensibel und fühlen Unebenheiten, die bei ihnen Anspannung und Unbehagen verursachen.

TIPP *Wenn Sie sich nach einem Haarschnitt nicht besser fühlen, selbst wenn Sie gut damit aussehen, scheint es, dass Sie einen energetisch oder technisch ungünstigen Haarschnitt bekommen haben.*
Zögern Sie nicht, Ihren Haarschnitt korrigieren zu lassen, selbst wenn er gut aussieht. Er muss sich genauso gut anfühlen wie aussehen.
Das nächste Mal wenn Sie einen Haarschnitt bekommen, lehnen Sie sich noch in der Gegenwart des Friseurs nach vorn und bürsten Sie Ihre Haare. Dann schließen Sie Ihre Augen und schwingen Sie Ihre Haare von links nach rechts, hin und her und halten Sie dabei den Hals gerade. Halten Sie dann still und fühlen Sie von innen, ob sich Ihre Haare im Gleichgewicht befinden.
Wenn Sie einen Haarschnitt erhalten, vermeiden Sie eine gekrümmte oder zu lässige Haltung, damit Ihr Haar gleichmäßig geschnitten werden kann. Wenn nötig, fragen Sie nach einem Kissen, das Sie zwischen Stuhllehne und den unteren Rücken legen. Dadurch sitzt man auto-

matisch bequemer gerade. Die Atmung verläuft einfacher und tiefer in einer aufrechten Haltung, so dass das Haarschneideerlebnis Sie noch mehr entspannen kann. Die Füße ruhen am besten nebeneinander fest auf dem Boden oder der Fußbank und die Beine bleiben ungekreuzt.

Zum Shampoonieren der Haare muss man sich entweder nach vorn oder nach hinten in das Waschbecken beugen. Es ist vorteilhafter, sich nach vorne zu beugen, weil die Blutzirkulation und der Energiefluss angeregt und nicht »abgeknickt« werden. Man kann weiterhin normal schlucken und atmen und wenn der Kopf massiert wird, bleibt die Gefahr des schädlichen Drucks auf den sensiblen Nacken- und Schulterbereich minimal. Die meisten Salons heutzutage waschen die Haare andersherum, den Kopf nach hinten lehnend, damit das Make-up nicht verschmiert und kein Shampoo aus Versehen in die Augen gerät. Am besten ist es, die Haare im Liegen auf einem Massagetisch gewaschen zu bekommen. Erbitten Sie sich Ihre bevorzugte Shampooposition.

Psychosomatik

»Psyche« steht für unseren Geist und unsere Gefühle und »Soma« bedeutet Körper. Unser emotionaler und mentaler Zustand spiegelt sich in unserer körperlichen Verfassung wider. Die Ursache eines körperlichen Leidens ist mit psychologischen Faktoren verbunden. Unser Sprachgebrauch macht diese tief gehende Verbindung deutlich:

Niemandem ein Haar krümmen	*Niemanden verletzen*
Die Haare stehen zu Berge	*Erschrocken oder entsetzt sein*
Sich in die Haare geraten	*Sich streiten*
Um ein Haar	*Fast*
Haarspalterei	*Detailkrämerei*
Sich die Haare raufen	*Aufregung und Angst erleben*
Sich die Haare ausreißen	*Frustration erfahren*

Der deutsche Sprachschatz enthält über vierzig Redewendungen, die Haare als Begriff beinhalten. Die Gebräuchlichsten habe ich in folgendem Text zusammengefasst.

Zwei Menschen lieben sich mit »Haut und Haar«, sie lieben sich also ganz und gar und »gleichen sich aufs Haar«, was einerseits äußere Ähnlichkeit und andererseits innere Übereinstimmung ausdrücken kann. Doch sollte man ihre Beziehung nicht allzu »haarklein« beschreiben, also in allen Einzelheiten aufführen, denn das kann leicht zu »Haarspalterei«, zur Kleinigkeitskrämerei führen, worüber manch einer sich »die Haare raufen«, also entsetzt, verzweifelt oder ratlos sein würde.
Eine »haarige Sache« ist eine schwierige Situation, die mit Sicherheit entsteht, wenn man Menschen »die Haare zusammenbindet«, sie also absichtlich miteinander in Streit verwickelt. Daraufhin könnte man »graue Haare bekommen«, also Kummer und Sorgen erleben. Das »erste graue Haar« gilt als Ankündigung des Alters, worauf einem gleich alle »Haare zu Berge stehen« können oder »sich die Haare sträuben«, man ist also entsetzt, aufgeregt oder etwas gefällt einem nicht, geht einem gegen den Strich. Dann kann man an keiner Sache oder an keinem Menschen »ein gutes Haar lassen«, also nichts Positives feststellen. Überhaupt wenn man sich in der entsprechenden Stimmung befindet, kann man in »allem ein Haar in der Suppe finden«. Wenn »alles an einem Haar hängt«, wenn also etwas Entscheidendes von einem Zufall abhängt, und wenn beinahe ein Unglück zu passieren droht, sollte man die nächstbeste Gelegenheit »beim Schopfe packen« und zusehen, dass man »um ein Haar«, also gerade eben noch entkommen kann. Gelingt das nicht, muss man sich »am eigenen Schopfe aus dem Sumpf ziehen«, sich eigenständig aus einer schwierigen Situation befreien. Das kann kompliziert werden, wenn einem gerade jemand »die Haare vom Kopf gefressen hat«, man wirtschaftlich in Anspruch genommen oder sogar ausgebeutet wurde und nun »mehr Schulden als Haare auf dem Kopf hat«. Vielleicht »wachsen einem dann Haare

auf den Zähnen«, man lässt sich nichts gefallen, und wird energisch und streitsüchtig. Starke Behaarung deutet auf starke Männlichkeit, und wenn man sogar Haare auf den Zähnen hat, ist man eher männlich im Sinne von kämpferisch. Man entschließt sich, »nicht um ein Haar von der Sache abzugehen«, auf seinem Standpunkt zu beharren, und der andere soll auch nicht »ungeschoren davon kommen«, also ohne Nachteile aus der Affäre schreiten. Bevor das alles jedoch »einen zu langen Bart bekommt«, zu lange dauert, »muss der Bart ab«, das Ende muss herbeigeführt werden.

Ohne »jemandem die Haare zu beschneiden«, also zurechtzustutzen, entschließt man sich, obwohl man »nur sechs Haare in sieben Reihen hat« – also einen spärlichen Bartwuchs – und bevor man »sich noch mehr in die Haare kriegt«, »sich in die Haare gerät« oder »sich in den Haaren liegt«, also miteinander streitet und kämpft, »des anderen Haar zu loben«, ihm zu schmeicheln. Es soll niemandem auch nur »ein Härchen gekrümmt oder ein Haar getrübt« werden, niemandem soll etwas zuleide getan werden, alle sollen mit Vorsicht behandelt werden.«

»Um ein Haar« hätten sich die Menschen »gegenseitig die Haare ausgerissen«, miteinander gekämpft, und dabei »Haare gelassen«, einen Verlust erlitten. Dabei wäre das Ganze »an den Haaren herbeigezogen gewesen«, unnötig gewesen. An den Haaren herbeiziehen, bedeutet auch, mit einem Argument zu kommen, was gar nicht zur Sache gehört. Sozusagen hätte man »ein Haar ausgerupft, wo gar keins ist«, also ein sinnloses Unternehmen durchgeführt, und dann ist es immer noch besser, »Haare zu haben«, also reich zu sein.[3]

3 In folgenden Büchern habe ich einen großen Teil der Redewendungen gefunden: Röhrich, Lutz: Lexikon der sprichwörtlichen Redensarten, Herder, Freiburg im Breisgau 1973, Band 1, S. 355–358, Grimm, Wilhelm und Jacob: Deutsches Wörterbuch, Leipzig 1877, 4. Band, S. 6–23, Krüger-Lorenzen: Das geht auf keine Kuhhaut, Econ, Düsseldorf 1960, S. 115–117

Wenn wir unseren emotionalen Stress nicht ausdrücken, transformieren und loslassen können, manifestiert dieser sich auf der körperlichen Ebene. Dann wird ein Bereich oder Teil unseres Körpers gewählt, der thematisch mit den zugrunde liegenden Problemen zusammenhängt. Wenn es um Haare geht, erleben wir auf körperlicher und auf emotionaler Ebene einen Verlust.

Traurigkeit, Trauer und Depression gehen häufig mit dem Symptom Haarausfall einher. Diese emotionalen Zustände werden oft durch den Verlust von Lebensfreude, des Heims, eines nahe stehenden Menschen oder einer Arbeitsstelle ausgelöst und folglich kann sich der Betroffene auch wie ein Verlierer fühlen. Je leichter man loslassen kann und den Verlust akzeptieren lernt, desto schneller geht das Leben weiter. Eine Botschaft des Haarausfalls ist es, das Loslassen zu lernen, die Kontrolle aufzugeben und zu vertrauen, dass alles seinen Lauf nimmt.

Wenn Haare verstärkt ausfallen, befinden sich diese Haare in der Telogenphase und sterben. Wenn ein geliebter Mensch stirbt, braucht es Zeit, um darüber hinwegzukommen. In den Kulturen herrschen verschiedene Gebräuche in Verbindung mit dem Tod eines Menschen und den eigenen oder den Haaren der Angehörigen vor. Zum Beispiel gibt es den Brauch, dass die Verwandten eines kürzlich Verstorbenen einen Teil ihrer Haare abschneiden und mit ihm oder ihr begraben, um zu zeigen, dass auch ein Teil von ihnen gestorben ist.

Wenn wir erkennen, dass unser Haarausfall mit einem Gefühl in Verbindung steht, beginnt die Befreiung des Symptoms. Doch wenn dieses Gefühl die Übermacht gewinnt und unser Bewusstsein trübt, uns lange Zeit dominiert und festhält, schwächt es unser Immunsystem und trägt eventuell zur Verschlimmerung des Symptoms bei, um uns die Notwendigkeit des Loslassens noch bewusster zu machen.

Die psychologische Verarbeitung und Therapie von Haarausfall sollte durch Nahrungsergänzungsmittel und Naturheilmittel unterstützt werden. Da das Symptom und seine Entsprechung auf der körperlichen und psychischen Ebene bestehen, brauchen beide Aufmerksamkeit.

Der Interpretation und dem Lernen über eine Erkrankung sind keine Grenzen gesetzt, solange die Seelenarbeit Sie ermutigt und Ihnen weiterhilft.

Eine Übung, die erfolgreich angewandt wird, um einen psychosomatischen Zustand zu beheben, ist, ein Gespräch mit dem erkrankten Körperteil zu führen, als ob dieser ein guter Freund sei. Es funktioniert so: Stellen Sie sich vor, dass der entsprechende Körperteil erst Ihnen zuhört und dann durch Sie antwortet. Dieser Dialog kann aufgenommen werden oder einfach nur in Ihrem Kopf stattfinden. Idealerweise lassen Sie sich bei diesem Prozess von einem Freund oder Therapeuten begleiten, so dass Sie sich ganz entspannen können, Ihre Augen schließen. Lassen Sie die Stimme Ihres Körpers zu Wort kommen, anstatt sich die Antworten auszudenken.

Mit Ihrem Haar sprechen

Stellen Sie den Kontakt her, so wie Sie es mit einem guten Freund machen würden: »Hallo, ich möchte gern mal einen Moment lang mit dir reden. Passt es gerade?« Sie werden herausfinden, dass der Körper immer Zeit hat und geradezu auf diese Aufforderung wartet. »Ich wundere mich, was los ist. Warum fällst du aus oder produzierst so viel Talg oder …? Kannst du mir sagen, zeigen oder mir ein Gefühl vermitteln von dem, was in dir vorgeht? Kannst du mir zeigen, was du brauchst oder was ich tun kann, um die Situation zu verbessern?«

Dann warten Sie auf Antworten, Bilder und Empfindungen und handeln dementsprechend. Denken Sie daran, sich bei Ihrem Haar zu bedanken, sagen Sie Ihrem Haar, wie viel es Ihnen bedeutet, streicheln, waschen oder massieren Sie es und versprechen Sie, öfters mal »vorbeizuschauen«. Lieben Sie es mehr, denn Liebe ist die stärkste Heilkraft.

Sie können Ihren Haaren auch einen Brief schreiben: »Liebe Haare, …« und dann lassen Sie Ihre Haare einen Brief zurück schreiben: »Liebe/Lieber … Deine Haare«

Eine geführte Visualisierung zielt darauf ab, Gesundheit und Harmonie für Körper, Geist und Seele zu erreichen.

1. *Stellen Sie sich vor, dass Sie in einem schönen Raum sitzen. Visualisieren Sie neben sich eine blühende, vor Kraft strotzende Topfpflanze. Atmen Sie tief ein und bitten Sie die Pflanze, Ihnen etwas von ihrer Wachstumskraft abzugeben. Dann nehmen Sie mit jedem Einatmen einen Teil der Energie, die von der Erde in die Wurzeln der Pflanzen fließt, auf. Visualisieren Sie*

so viel Energie, dass diese Ihnen geradezu entgegenströmt. Nehmen Sie diese Energie in Ihren Körper auf und beim Ausatmen lassen Sie sie zu Ihren Haarwurzeln aufsteigen.
Die Intensität dieser Übung lässt sich noch steigern, wenn Sie im Frühling draußen an einen Baum stehen und sich mit seinen Energien verbinden.

2. *Stehen Sie ganz gerade. Schließen Sie Ihre Augen und atmen Sie ein paar Atemzüge lang tief ein und aus. Stellen Sie sich vor, dass Sie ein einzelnes Haar sind, das aus der Kopfhaut herausragt. Schwingen Sie sich sanft nach vorn und nach hinten und zu den Seiten, wie ein Haar, das sich aus der Kopfhaut heraus bewegt. Ihre Füße sind die Haarwurzeln. Fühlen Sie sich sicher und geerdet und genießen Sie den offenen Raum, in den Sie sich recken und strecken können. Stellen Sie sich vor, dass Sie ein Haar, eine Blume oder ein Baum sind, die fest und doch entspannt verwurzelt sind. Konzentrieren Sie sich einen Moment lang auf den konstanten Blutzufluss, der Nährstoffe zu den Haarwurzeln bringt. Nehmen Sie an der faszinierenden Transformation in materielle Haarsubstanz teil. Fühlen Sie die Alchemie dieses Vorgangs, als ob Sie sich genau an diesem Punkt befänden, und verbinden Sie sich mit der Kraft der Schöpfung, der Verwandlung und Manifestation. Erleben Sie, wie diese Kraft durch jede einzelne Ihrer Körperzellen fließt und sie ernährt und erfrischt.*

Das Body-Talk-Behandlungssystem ist eine verblüffend einfache und effektive Körpertherapieform, die darauf beruht, durch gezielte Fragen, angewandte Kinesiologie und Erfahrungen mit Traditioneller Chinesischer Medizin das harmonische Zusammenwirken von Gehirn und Körper wiederherzustellen. Der Therapeut versucht herauszufinden, zwischen welchen Körperteilen es Kommunikationsschwierigkeiten gibt, und er fragt und testet, welche Therapien wieder neue Verbindungen schaffen. Gerade bei Haarausfall, der häufig auf Organstörungen zurückzuführen ist, bietet sich diese Heilmethode an.

Homöopathie ist eine Praxis der alternativen Medizin, die Substanzen aus Mikroorganismen, Mineralien, Pflanzen und von Tieren und Menschen, zum Beispiel Haare, Federn, ein Tropfen Blut, Muttermilch etc., gewinnt und durch bestimmte

Methoden in verschiedene Potenzierungen bringt. Das homöopathische Heilmittel wird entweder an eine Flüssigkeit (Wasser und Alkohol) oder an Milchzuckerkügelchen gebunden und wird über den Mund eingenommen. Es gibt tausende von verschiedenen Heilmitteln. Ein homöopathischer Arzt hat die erforderliche Ausbildung, um die richtigen Heilmittel zu verschreiben.

Der Name »Homöopathie« setzt sich aus den griechischen Wörtern »homoios« und »pathos« zusammen und bedeutet ähnliche Krankheit. Das wesentliche Prinzip ist »Gleiches heilt Gleiches«, was bedeutet, dass ein Heilmittel die Symptome einer kranken Person heilt und bei einer gesunden Person diese Krankheitssymptome hervorrufen würde. Mit anderen Worten, es gibt eine Ähnlichkeit zwischen den Symptomen der kranken Person und der Toxikologie des Heilmittels. Homöopathie heilt eine Krankheit, indem der fehlende Teil zugeführt wird, was den Menschen wieder »eint«. Sie aktiviert den Selbstheilungsmechanismus des Körpers und der Psyche, anstatt zu versuchen, die Krankheitssymptome zu unterdrücken.

Die Homöopathie ist das Gegenstück zur Allopathie (»allos« bedeutet anders), die Praxis der konventionellen Medizin, bei der pharmazeutische Medikamente eingesetzt werden, um das Symptom zu bekämpfen.

Die meisten Menschen wundern sich zunächst, wie es möglich sein soll, dass drei Kügelchen Milchzucker in der Lage sind, eine körperliche Krankheit oder sogar ein psychisches Problem zu heilen.

Die Homöopathie basiert auf Phänomenen, die mit dem Auge oder Mikroskop nicht wahrgenommen werden können. Genauso wie es unmöglich ist, Gefühle, Emotionen oder unsere Seele zu sehen, ist ihre Existenz unbestreitbar. Wenn die Kügelchen an ein Labor geschickt würden, würden die Chemiker nur den Milchzucker feststellen. Homöopathie wirkt aber nicht materiell, sondern energetisch.

Um die Homöopathie tiefer zu verstehen, müssen wir akzeptieren, dass wir spirituelle Wesen sind, und als solche benutzen wir unseren Körper, um auszudrücken, was unseren Geist verletzt und stört. Der Körper ist das Medium, das dem Geist hilft, sich zu entwickeln. Krankheit, und dazu gehört auch Haarausfall, ist immer ein Weg zurück zu sich selbst. Wenn eine Seele ein tiefes Trauma erlebt hat, es mit sich trägt und konsequenterweise davon erschöpft ist, können wir die Ursache des Haarausfalls, die im mentalen und emotionalen Bereich verwurzelt ist, nur mit einem Heilmittel heilen, das diese Bereiche erreichen kann.

Leider versuchen Menschen häufig, Krankheiten mit starken Medikamenten zu stoppen. Dieses kann die spirituelle Natur des Menschen unterdrücken und die Entwicklung der menschlichen Seele behindern, die auf der Erde ist, um sich zu entfalten. Haarausfall ist heilbar, wenn Geist und Seele wieder »heil« sind.

Homöopathie wirkt nicht nur bei physiologischen Beschwerden, sondern auch bei psychologischen Störungen. Wenn Sie zu einem klassisch ausgebildeten homöopathischen Arzt gehen, kann die erste Sitzung zwischen zwei und vier Stunden dauern, weil Sie viele Fragen beantworten müssen, die den Arzt zum richtigen Heilmittel führen. Manchmal geht dieser Prozess ganz leicht und der Arzt hat Ihr Heilmittel schon in dem Moment, als Sie den Raum betreten, im Kopf. Doch manchmal müssen Sie zusätzlich zu Ihren körperlichen Beschwerden Trauminhalte, Sehnsüchte und andere Informationen Ihres Innenlebens enthüllen.

Wenn jemand in die homöopathische Praxis kommt und sich über Haarausfall beklagt, schaut der Homöopath, was hinter dem Verlust stecken könnte.

Haarausfall ist keine schlimme Krankheit, aber was mit dem Geist und den Gefühlen des Menschen passiert ist, die Ursache, die zu dem Haarausfall geführt hat, ist ernst zu nehmen. Zum Beispiel verlor eine Frau in ihren frühen Zwanzigern all ihre Haare: Kopfhaare, Augenbrauen, Wimpern und die Haare des Genitalbereichs. Es stellte sich heraus, dass diese Frau wiederholt von einem Familienangehörigen sexuell missbraucht wurde, als sie ein kleines Mädchen war, und nun, als sie anfing, eine schöne Frau zu werden, verlor sie alle ihre Haare.

Mithilfe homöopathischer Ärzte habe ich den folgenden Überblick über die wichtigsten Haarheilmittel zusammengestellt. Bitte beraten Sie sich dennoch mit einem homöopathischen Arzt, um das geeignete Mittel für Sie zu finden.

Homöopathische Mittel bei Haarausfall

- *Während der Schwangerschaft*
  Ein Heilmittel, das schwangeren Frauen mit Haarausfall gegeben wird, ist *Lachesis muta.*
- *Nach der Geburt*
  Haarausfall nach der Geburt kann mit der hormonellen Umstellung, dem Verlust von Körpersäften, dem Geburtsprozess selbst und dem Stillen oder nur mit einem dieser Punkte zu tun haben. Angezeigte Heilmittel sind *Calcium carbonicum, Cantharis, Hepar sulfuris calcarea, Carbo vegetabilis, China, Lycopodium, Natrium muriaticum, Silicea, Acidum nitricum, Sepia, Sulfur.*
- *Nach einer akuten Krankheit*
  Wenn der Körper nach einer akuten Krankheit erschöpft ist, können die Heilmittel *Carbo vegetabilis* und *Mancinella* den Haarausfall stoppen. *Carbo vegetabilis* wird nach einer langen schwierigen Krankheit gegeben. *Phosphorus* wird nach starkem Bluten gegeben. *China* ist ein Heilmittel für Haarausfall, der durch den Verlust von Körpersäften, zum Beispiel starkem Blutverlust während der Menstruation, nach starkem Durchfall oder durch das Stillen ausgelöst wurde.
- Nach Impfungen sind die Heilmittel *Thuja* und *Silicea* oft hilfreich.
- *Nach Kummer*
  Haarausfall, der nach einem psychologischen Verlust auftritt, wird oft mit *Natrium muriaticum* und *Acidum phosphoricum* behandelt. *Acidum phosphoricum* wird nach langem zehrendem Kummer gegeben. Bei *Natrium muriaticum* (Meersalz) finden wir immer ein tiefes Trauma in der Geschichte des Betroffenen. Der *Natrium-muriaticum*-Patient weigert sich, wieder zu fühlen, weil er so sehr in seiner Sensibilität verletzt wurde, dass er so eine Wunde nie wieder fühlen möchte. Der emotionale Schmerz, den er mit sich trägt, ist so tief wie der Ozean, aus dem dieses Heilmittel stammt. »Ich werde dir nie verzeihen« könnte von einer Person gesagt werden, die *Natrium muriaticum* braucht und seit geraumer Zeit an Haar-, Haut-, und Nagelstörungen leidet und endlich einen Homöopathen aufsucht.

- *Vorzeitige Glatzenbildung*
  Es gibt mehrere Heilmittel, die jungen Menschen bei einem verfrüht einsetzenden Alterungsprozess, der die Glatzenbildung mit sich zieht, helfen können. Das wesentliche Heilmittel hier ist *Barium carbonicum.* Menschen, die dieses Heilmittel brauchen, sehen älter aus als andere Mitmenschen ihrer Altersgruppe. Andere Heilmittel sind *Anarcadium, Apis, Aurum, Graphites, Hepar sulfuris calcarea, Lycopodium, Phosphorus, Sepia, Silicea, Zincum.*
- *Alopezia areata*
  Die wesentlichen Heilmittel sind *Apis, Calcium carbonicum, Graphites, Hepar Sulfuris Calcarea, Lycopodium, Phosphorus, Sepia.*
  Ein dreijähriger Junge wurde mit Diabetes mellitus diagnostiziert und brauchte regelmäßig Insulinspritzen. Er hatte Alopezia areata, der mit *Calcium carbonicum* geheilt wurde.
- *Nach einer Chemotherapie*
  Haarausfall infolge von Chemotherapie braucht oft die Heilmittel *Silicea* und *Phosphorus.* Viele Heilmittel, die bei Krebs gegeben werden, werden auch bei Haarausfall verschrieben.
- *Nach Stress und Druck*
  Silicea kann als Kind der Mutter Erde gesehen werden, das in ihrem Schoß seit Millionen von Jahren gewachsen ist. *Silicea* ist das, was dem Weizen seine Standkraft gibt, was bedeutet, dass *Silicea* ein Heilmittel ist, das Menschen Stabilität und Unterstützung gibt. Wenn diese Unterstützung fehlt, dann bekommen Menschen, die *Silicea* bräuchten, Haarausfall, brüchige Nägel und haben unangenehmen Körpergeruch. Die *Silicea*-Persönlichkeit friert leicht und wird von dem Verlangen angetrieben, eine bestimmte Erwartung zu erfüllen. Stellen Sie sich zum Beispiel das Kind eines Anwalts und einer Opernsängerin vor. Die Erwartungen der Gesellschaft und der Eltern diesem Kind gegenüber sind sehr hoch, so dass das Kind von Anfang an gezwungen ist, mit dem erfolgreichen Vater und der berühmten Mutter mitzuhalten. Diese Art von Druck kann sich in Form von aufbrechenden Haaren und Nägeln bemerkbar machen.

- *Radioaktivität*
  Radium bromatum, Plutonium und *Uranium* sind Heilmittel, welche die Auswirkungen von Radioaktivität heilen.

Homöopathische Mittel bei fettigen Haaren

Zu viel Talg deutet auf eine vegetative Störung hin. Fettige Haare werden als unattraktiv bewertet, so dass man fragen könnte, warum diese Person das innere Gefühl hat, dass sie hässlich sei? Vielleicht hat die Person, die an fettigen Haaren leidet, zu irgendeinem Zeitpunkt die Botschaft erhalten hat, dass sie hässlich sei. Das Heilmittel *Thuja* könnte in dieser Situation helfen.

Homöopathische Unterstützung beim Haareschneiden

Manche Menschen sind dem Haareschneiden gegenüber äußerst sensibel. Manche fühlen beim Haareschneiden körperliche Schmerzen. Im Allgemeinen ist es empfehlenswert, nach dem Haarschnitt ein paar Tropfen Arnikaöl (als Urtinktur in kaltgepresstem Olivenöl) in die Haare zu tun. Reiben Sie einen Tropfen in die Handinnenfläche und dann streichen Sie diese über die gerade geschnittenen Haare. Das Heilmittel *Arnika* wird normalerweise bei Schock, Traumata und Unfällen eingesetzt, und in gewissem Sinne erleben die Haare beim Schneiden auch einen Schock. Arnika erleichtert es besonders Kindern und Menschen mit lockigem Haar, sich an einen neuen Haarschnitt zu gewöhnen.

Auch *Bachblüten-Notfalltropfen,* am besten in einer Sprayflasche, kann man gut nach einem Haarschnitt, vor allem aber nach einer chemischen Behandlung zum Ausgleich ins Haar sprühen.

Homöopathische Mittel beim zwanghaften Haareziehen (Trichotillomanie)

Diese Erkrankung kommt häufiger vor, als man denkt, denn es wird nicht viel über sie gesprochen. Zwei der wichtigsten Heilmittel sind *Hyoscyamus* und *Stramonium.* Ihre Themen sind Trauma durch Verlassenwerden.

Das *Stramonium*-Kind hat die zentrale Wahnvorstellung, allein in der Wildnis zu sein, und jeder, den es trifft, ist ein Feind.

Bei *Hyoscyamus* ist die Wunde so tief, dass das Kind sich von seinen wahren Gefühlen trennen muss, um zu überleben. Diese Wunden sind durch Vernachlässigung, sexuellen, körperlichen und emotionalen Missbrauch entstanden. Ein anderes Familienthema ist die enttäuschte Liebe.

Wenn es eine *Hyoscyamus*-Wurzel in der Familie gibt, wird das Kind mit einer *Hyoscyamus*-Krankheit reagieren. Wenn ein Kind in einer Familie mit einer *Stramonium*-Wurzel aufwächst, zum Beispiel war sein Vater im Krieg und erlebte Gefangenschaft oder es war allein im Wald und hatte viele Ängste, würden wir die Ursache der Krankheit in der Angst finden. Wenn wir uns vorstellen, wie es sich alleine in der Wildnis und im Dunkeln anfühlt, realisieren wir, wie massiv das Leben des Betroffenen bedroht war, besonders zu Kriegszeiten.

Andere wichtige Heilmittel für das Haareziehen sind *Belladonna, Chamomilla, China, Coccolus, Colchicum, Conium, Dulcamara, Helleborus niger, Hepar sulfuris calcarea, Jodum, Kalium bromatum, Lycopodium, Acidum muriaticum, Natrium muriaticum, Acidum phosphoricum, Phosphorus, Psorinum, Rhus toxicodendron, Sulfur, Veratum, Zincum, Zincum metallicum* und *Zincum phosphoricum.*

Haarwuchsmittel und Haartransplantation

Regaine *(Rogaine)* ist das bekannteste Medikament, das neuen Haarwuchs durch äußere Anwendung anregt. Regaine verlangsamt den Austrocknungsprozess des Follikels und bewirkt bei 25 Prozent aller Männer und bei 20 Prozent aller Frauen neuen Haarwuchs. Interessanterweise hatten 11 Prozent der Männer und 7 Prozent der Frauen in einem Placeboexperiment ähnliche Resultate.

Statistiken, die in Werbeanzeigen präsentiert werden, müssen sorgfältig überprüft werden. Zum Beispiel bedeutet »40 Prozent mehr Haare« nicht, dass das Produkt nun den Haarbestand um 40 Prozent vergrößert hat, sondern dass 40 Prozent von den 25 Prozent Männern, die ein positives Ergebnis mit Regaine erzielten, noch mehr Haarwuchs verzeichnen, wenn sie eine stärkere Formel anwenden.

Der Placeboeffekt macht die Kraft unserer Psyche offensichtlich.

Es werden ununterbrochen neue Medikamente entwickelt, die entweder die Umwandlung vom Testosteron zum Dihydrotestosteron stoppen oder verlangsamen. Die Erfolgsquoten liegen oft noch unter denen von Regaine. Nebeneffekte sind immer eine potenzielle Gefahr.

Haartransplantation decken das gesamte Spektrum von der Katastrophe bis zum Meisterstück ab. Manche Menschen würden es nie wieder tun und andere denken, dass Geld und Schmerzen sich gelohnt haben. Dennoch stellt jede kosmetische Operation ein Risiko dar. Die Narben auf dem Hinterkopf beeinflussen das Hautgewebe und können Muskeln und Nerven belasten. Kopf-, Nacken- und Kopfhautschmerzen können die Folge sein.

TIPP *Informieren Sie sich beim Kauf von Haarwuchsmitteln genau über das Produkt und lassen Sie sich seine Wirkungsweise erklären. Stellen Sie folgende Fragen:*
Wie können Sie wissen, ob dieses Produkt Haarwuchs fördert? Könnten Sie mir eine Kopie der Testresultate zukommen lassen oder mir einen zufriedenen Kunden nennen? Könnten Sie mir ein paar gute Gründe nennen, warum ich dieses Produkt kaufen sollte?
Falls Sie sich für eine Haartransplantation entscheiden, informieren Sie sich gründlich, holen Sie sich eine zweite Meinung ein und sprechen Sie mit Menschen, die eine Transplantation hinter sich haben.

Ihr Heilungsplan für Kopfhaut und Haare

Auch wenn Sie keine Haarprobleme haben, beantworten Sie die folgenden Fragen zur Vorbeugung:

1. In welchem Zustand befindet sich Ihre Kopfhaut und trägt dieser zu Ihrem Haarausfall bei? Haben Sie trockene oder fettige Schuppen?
2. Benutzen Sie aggressive Stylingmethoden für Ihre Haare? Inwieweit wenden Sie die Grundlagen natürlicher Haarpflege an?
   Glauben Sie, dass Ihre Haarpflegepraktiken zu Ihrem Haarproblem beitragen?
3. Von wem haben Sie Ihre Haare geerbt? Inwieweit schätzen Sie Ihr Haarproblem als genetisch bedingt ein.

4. Wie hoch ist Ihr durchschnittlicher Stresslevel? Was tun Sie, um den Stress in Ihrem Leben auszugleichen? Inwieweit trägt Stress zu Ihrem Haarproblem bei?
5. Wie gesund sind Sie? Wie oft sind Sie krank, haben Sie Erkältungen, Magenbeschwerden, Kopfschmerzen? Nehmen Sie regelmäßig Medikamente ein? Schätzen Sie, wie stark Ihr Gesundheitszustand Ihr Haarproblem beeinflusst?
6. Wie ernähren Sie sich? Bekommen Kopfhaut und Haare Fastfood oder gesunde Lebensmittel? Konsumieren Sie stimulierende Getränke oder Drogen? Gönnen Sie Ihrem Verdauungssystem gelegentlich eine Erholungspause, indem Sie Essen, das Sie nicht unterstützt, auslassen? Welchen Einfluss hat Ihre Ernährung auf Ihr Haarproblem?
7. Sind Sie oder waren Sie in den letzten zwei Jahren schwanger? Nehmen Sie Hormontabletten ein? In welchem Umfang tragen hormonale Störungen zu Ihrem Haarproblem bei?
8. Wurde Ihr Haarausfall durch Chemotherapie oder Bestrahlung verursacht?
9. In was für einem Umfeld leben und arbeiten Sie? Benutzen Sie Luft- und Wasserfilterungsanlagen und schützen Sie sich vor Elektrosmog? Inwieweit trägt die Umwelt, in der Sie leben, zu Ihrem Haarproblem bei?
10. Wie oft erleben Sie negative Emotionen und welche sind es? Könnte Ihr emotionaler und mentaler Zustand für Ihr Haarproblem verantwortlich sein?

Schreiben Sie auf, in welcher Reihenfolge die Ursachen zu Ihrem Haarproblem beitragen, fangen Sie mit der wichtigsten an und enden Sie mit der Ursache, welche die geringste Rolle spielt. Schreiben Sie mindestens einen und nicht mehr als fünf Punkte auf, die Sie bei jeder Ursache ändern möchten. Notieren Sie sich, ob Sie mehr Informationen oder Produkte brauchen, und markieren Sie in Ihrem Kalender, wann Sie sich darum kümmern werden. Wählen Sie drei von den weiter oben vorgestellten Therapien aus, die Sie ausprobieren möchten.

Machen Sie dann Fotos von Ihrer Kopfhaut und Ihren Haaren und notieren in Ihrem Kalender, in drei, sechs, neun und zwölf Monaten erneut Fotos zu machen.

Die Psychologie der Haare

Haare spielen in den Beziehungen zu Freunden, Familienangehörigen, Liebespartnern, Nachbarn und Friseuren eine Rolle. Kindheitserfahrungen sind entscheidend, von daher kümmern wir uns bewusst um die Haare der Kinder. Die Art, wie wir über Haare kommunizieren, bestimmt, ob Haare zwei Menschen zusammenhalten oder auseinander bringen. Wenn Haare aus dem Gleichgewicht geraten, brauchen sie Verständnis und Heilung.

Die Bedeutung der Haare

Haare hängen mit der Psyche, dem Selbstwertgefühl, dem Selbstfindungsprozess, dem Lebensstil, der politischen Einstellung, dem religiösen Glauben und dem Ausdruck der Individualität und Lebensenergie zusammen. Durch Haare erleben wir Berührungen und emotionale Verletzbarkeit.

Was bedeuten Ihnen Ihre Haare? Welche Bilder entstehen vor Ihrem geisteigen Auge, wenn Sie an Ihre Haare denken? Fragen Sie auch Freunde und Familienangehörige. Freuen Sie sich auf erstaunliche Haargeschichten!

Vom ersten Haar an

Wenn unsere Eltern unseren Babykörper streicheln und über unseren Kopf streichen, fühlen wir unsere Haare zum ersten Mal. Sie sind wie ein weiches Kissen zwischen unserer Kopfhaut und ihren Händen, das wir an keinen anderen Körperstellen finden. Die Empfindung füllt unseren ganzen Körper. Es dauert ein bisschen, bis wir unsere eigenen Haare greifen können, und weil das dann etwas wehtut, greifen wir lieber nach den Haaren anderer.

Dann erleben wir, dass unsere Haare besondere Aufmerksamkeit erhalten. Ein Babyshampoo wird regelmäßig auf unsere Kopfhaut aufgetragen und mit warmem Wasser vorsichtig ausgespült. Die Babybürste, die sich durch unsere Haare bewegt, wird von den Gedanken und Gefühlen unserer Eltern über das Leben und unseren kleinen Körper begleitet.

Und dann wachsen wir und unsere Haare mit uns. Wir lernen, dass die Haare regelmäßig gekämmt werden müssen, da sie sich sonst verkletten, was beim Kämmen schmerzt. Wir finden heraus, dass es beruhigend und angenehm sein kann, wenn unsere Haare berührt oder geflochten werden. Aber wir werden auch ungeduldig, wenn uns klar wird, dass unsere Haarpflege uns zu lange vom Spielen abhält. Wir lernen, dass wir mit unseren Haaren nicht machen können, was wir wollen. Wenn wir etwas in unsere Haare hineinschmieren oder spielerisch ein paar Strähnen abschneiden, reagieren unsere Eltern entsetzt, besonders wenn nun der Termin für das Familienfoto um ein paar Monate verschoben werden muss.

Wir erleben wahrscheinlich auch, dass es unangenehm sein kann, wenn ein uns nicht so vertrauter Mensch unsere Haare berührt und empfinden das als Ein- und Übergriff.

Wenn wir nun unsere eigenen Haare berühren, fühlen sie sich gut an, weich und seidig, und wir wissen, dass unsere Haare zu uns gehören genau wie unsere Hände und Füße.

Uns fällt auf, dass Menschen über unsere Haare reden und je nachdem, wie deren Kommentare ausfallen, empfinden wir Stolz oder Unsicherheit. Später machen wir dann auch Bemerkungen über die Haare anderer.

Es hängt dann von unserer Erziehung und Lebensgeschichte ab, ob Haare während der Kindheit mehr oder weniger wichtig sind. Manche von uns werden als kleine Erwachsene angezogen und lernen, viel Wert auf das Aussehen zu legen. Andere kümmern sich vielleicht weniger um Aussehen und Haare und wachen aus der Haarunschuld auf, wenn auf einmal unter ihren Armen und im Genitalbereich Haare wachsen. Spätestens in diesem Moment verbinden wir unsere Haare mit unserer Sexualität.

Dann geht es auf Haarreisen, die in alle Himmelsrichtungen führen. Eine Reise verläuft auf dem Weg des Experimentierens, eine andere folgt der Straße der Rebellion. Manche wählen den Pfad der Konformität und andere reisen ohne Haargepäck, viel zu sehr mit anderen Aspekten des Lebens beschäftigt.

Als Erwachsene finden wir dann unseren Stil und wenn nicht, kämpfen wir jeden Morgen mit unseren Haaren und unserem Aussehen vor dem Badezimmerspiegel.

Unsere Haare erhalten besondere Aufmerksamkeit, wenn wir nach einem Liebespartner oder einer neuen Arbeit suchen oder an Feiern teilnehmen. Später, wenn wir durch die Fotoalben blättern, kommen wir nicht umhin, festzustellen, dass wir der Mode und den gängigen Trends folgten, egal wie sehr wir Emanzipation, Revolution und Befreiung durch unsere Haare ausgedrückt haben. Wir waren nicht die einzigen.

Wenn wir dann geheiratet haben oder uns in einer festen Liebesbeziehung befinden, bekommen die Haare oft etwas Praktisches und Funktionales. Dann werden sie wieder verändert, wenn wir Sehnsucht nach Neuem haben, die Routine brechen wollen und versuchen, jung und attraktiv zu bleiben. Krankheiten, Stress und das Älterwerden hinterlassen Spuren in den Haaren von Männern und Frauen. Die meisten von uns erleben mindestens einmal, wie unsere Haare Glanz, Volumen und Vitalität einbüßen oder ausfallen

Entweder gucken wir uns mit großer Freude die Haare unserer Kinder und Enkelkinder an oder wir bemühen uns, wie Mitglieder ihrer Altersgruppe auszusehen. Letztendlich fallen wir auf das Grundsätzliche zurück und kümmern uns ein bisschen mehr um uns und unsere Körper.

Manche von uns sterben mit weißen Kronen, andere mit silberviolett gefärbten Dauerlöckchen. Dieses sagt etwas über unsere Entscheidungen und Präferenzen aus, doch enthüllt es nicht, wer wir sind. Entscheidend ist, dass wir alle wieder wie Babys aussehen, mit einem weichen Haarkissen zwischen unserer Kopfhaut und der Hand, die uns sanft streichelt, wenn unsere Seele weiterzieht.

Haare in der Familie

Haare sind von Anfang an ein Familienthema. Die Haare auf dem Kopf eines Neugeborenen wie auch ihr Fehlen lösen spontan Reaktionen aus, die vom Erstaunen, dass dem Baby schon in der Gebärmutter Haare gewachsen sind, bis zum Stolz, dass es den gleichen Wirbel wie eines der Elternteile hat, reichen.

Wir entwickeln schon ganz früh eine Einstellung und Gefühle unseren Haaren gegenüber. Eine Bemerkung über unsere Haare zu Beginn unseres Lebens ist wie das Pflanzen eines Samens, der mit den Jahren zu einer wunderschönen Haarblume oder zu unerwünschtem Unkraut heranwächst. Diese ersten Kommentare können einen tiefen Eindruck hinterlassen. Eine Frau erzählte, dass sie von Anfang an »kleine schwarze Hexe« genannt wurde. Neben den hellen Haaren ihrer Eltern und ihrer Schwester, dem »blonden Engel«, war damit ihre Rolle als Außenseiterin vorbestimmt. Vielleicht wäre ihr Leben anders verlaufen, wenn ihre Eltern sie nicht mit dieser Bezeichnung, die einen negativen Unterton trug und sie in Rivalität mit ihrer Schwester drängte, beurteilt hätten.

Haare haben eine so enorme Wirkung auf die Familienmitglieder, weil sie Stereotypen wachrufen, die in Aberglauben, religiösen Glaubensvorstellungen, Märchen und Legenden der jeweiligen Kultur verwurzelt sind und durch die modernen Medien, wie Werbung, Fernsehen, Filme, Zeitschriften und Literatur, aufgegriffen und verstärkt werden. Menschen mit roten Haaren, der seltensten Haarfarbe, erleben am häufigsten Vorurteile.

Das Zusammengehörigkeitsgefühl einer Familie basiert unter anderem auf physischer Ähnlichkeit. Ähnliche Gesichtszüge werden entdeckt, diskutiert, geschätzt oder abgelehnt. Kinder finden heraus, dass sie die Augen der Mutter und die Haare des Vaters geerbt haben oder das bestimmte Merkmale eine gelungene Mischung repräsentieren. Die Ähnlichkeit von Familienangehörigen informiert andere Menschen über deren Blutsverwandtschaft.

Hinter der Suche nach körperlichen Übereinstimmungen liegt das biologische und instinktive Bedürfnis, sicher zu sein, das eigene Kind im Arm zu halten, um sich ihm hoch motiviert und bedingungslos zu widmen. Physische Ähnlichkeit hebt die Angst auf, dass der Vater nicht wirklich der Vater ist, das Kind aus Versehen im Krankenhaus mit einem anderen Baby verwechselt wurde und das soziale Umfeld eine Familie aufgrund ihrer Andersartigkeit ausschließen könnte. (»Was werden die Leute sagen, wenn unser Kind uns nicht ähnlich sieht?«)

Eltern neigen dazu, das Aussehen ihrer Babys zu interpretieren und auf gewisse Charakterzüge zu schließen, da sie einfach wissen möchten, wer diese Person ist, die in ihre Familie hineingeboren wurde. Sie gestehen ihrem Kind seine eigene Persönlichkeit und individuelles Aussehen in bestimmtem Ausmaß zu. Doch zu starke Abweichungen lösen die Angst vor dem schwarzen Schaf aus, welches das Familiengefüge stören und sich zu früh ablösen könnte.

Durch die Haare und Haargewohnheiten erleben Familienmitglieder Verbundenheit. Eine Schwester meint, dass sie sich besonders gut mit ihrem Bruder verstehe, weil sie die gleichen lockigen Haare hätten. Doch auch Neid und das Gefühl, »um etwas betrogen worden zu sein«, werden bei Geschwistern durch das Thema Haare ausgearbeitet. Ein Bruder hatte die feinen Haare der Mutter geerbt und fühlt sich gegenüber seinem Bruder, der kräftige Haare wie der Vater hat und kein Anzeichen von Glatzenbildung aufwies, benachteiligt. Eine Frau hatte zwei Schwestern, eine mit lockigem Haar, die andere mit kräftigen braunen Haaren. Ihre eigenen Haare begannen vor ein paar Jahren dünner zu werden und zu ergrauen. Sie fühlte Eifersucht und tröstete sich damit, dass sie insgesamt gesünder war als ihre Schwestern.

Positive Haarerinnerungen sind von dem Gefühl des Versorgtseins, des Erlebens von Zärtlichkeit und Anerkennung begleitet:

Einen Enkel berührte es sehr, dass seine Großmutter seinem Großvater ein Leben lang die Kopfhaut massiert hat, damit er keinen Haarausfall bekam. Eine Frau erinnert sich gern daran, wie ihre Mutter ihr die Haare ab und zu voller Liebe aus dem Gesicht strich. Diese intime Geste ließ sie fühlen, dass sie immer noch ihr Kind war.

Die meisten schwierigen und unangenehmen Erinnerungen haben ihren Ursprung in der Kindheit und Pubertät. Dann können die Haare auf einmal zu einem scharfen Messer werden, das Generationen und Familienmitglieder voneinander trennt.

Haben Sie schon mal nach einem Haarschnitt geweint? Haben Sie um Ihre Haare kämpfen müssen? Wem gehören Ihre Haare wirklich?

Viele von uns haben Ähnliches erlebt:

- Die Haare wurden unsanft behandelt, ignoriert oder negativ kommentiert. Kritik oder Gehässigkeit gegenüber den Haaren verletzte und schwächte unser Selbstwertgefühl. (Thema: Mangel an Fürsorge und Liebe)
- Eltern oder Lehrer bestimmten entgegen unseren Vorstellungen, wie die Haare auszusehen haben. (Thema: Unterdrückung, Kontrolle)
- Ein Friseur hörte nicht richtig zu oder wir haben uns nicht klar ausgedrückt und die Haare wurden zu kurz geschnitten. (Thema: Verletzung aufgrund mangelhafter Kommunikation)

Wie war es in Ihrer Kindheit, als Sie Ihre Haare geschnitten bekommen haben? Wer kümmerte sich um Ihre Haare und wie?
Wenn Sie Schwierigkeiten haben, sich zu erinnern, nehmen Sie ein Fotoalbum zur Hilfe. Möglicherweise ist das Vergangene unterdrückt, weil es schmerzhaft ist oder sanktioniert wurde.
Was haben Sie hinsichtlich Ihrer Haare gehört, wie wurden Ihre Haare berührt und welche Düfte und Gerüche sind mit Ihren Haaren verbunden?
Betrachten Sie diese ersten Haarerlebnisse und werten Sie für sich aus, ob und inwieweit diese für Sie und Ihr Leben typisch sind und in welchem Ausmaß sie Sie geprägt haben. Vielleicht werden Ihnen Wiederholungsmuster, die immer wieder Missverständnisse und Verletzungen bezüglich Ihrer Haare hervorrufen, bewusst. Lassen Sie so lange los, was Ihnen nicht gut tut, bis Sie Erleichterung spüren.

Ihre Haare sind Ihre *Haare!*

Wenn wir sprechen lernen, sagen wir ganz früh: »Das ist mein Spielzeug. Das ist meine Mama.« Doch brauchen wir manchmal Jahrzehnte, um sagen zu können: »Das ist mein Körper, das sind meine Haare und das ist mein Leben.«

Auch wenn Eltern sich um die Haare ihrer Kinder kümmern müssen, gehören sie ihnen nicht. Die meisten Kinder wollen und können an der Pflege ihrer Haare teilhaben, wenn wir ihnen zeigen, was sie selbst tun können, und ihnen auch den Raum geben, dieses zu üben.

Am Anfang empfinden wir es angenehm, gefüttert, gewaschen und umsorgt zu werden oder wir tolerieren es zumindest.

Doch dann kommt der Tag, an dem wir erkennen, dass wir einen eigenen Willen haben, der nicht mit dem unserer Eltern übereinstimmt.

Wenn ein Kind seinen Eltern mitteilt, dass es eine bestimmte Frisur tragen möchte, beginnt die Ablösung von den Eltern und die Aneignung des eigenen Körpers. Oft wird das Kind dazu durch seine Freunde und andere Gleichaltrige motiviert.

Bis wir erkennen, dass wir uns in einem lebenslangen Tanz zwischen dem Ausdruck unserer Individualität und der Wahl einer konformen Lösung befinden, haben wir viele verschiedene Frisuren ausprobiert.

Unsere Haare sind hervorragend dazu geeignet, diese beiden Kräften in uns kennen zu lernen: die eine, die Wachstum und persönliche Entwicklung anstrebt, und die, die in Beziehung mit anderen stehen möchte und letztendlich Einheit sucht.

Schauen Sie mal einen Tag lang die Haare der Menschen an und stufen Sie die Frisuren gemäß Individualität oder Konformität ein.

Eltern und Kinder benutzen die Haare dazu, emotionale Konflikte, Symbiose, Abhängigkeit, Konkurrenz, Eifersucht und Ablösungsprozesse zu verarbeiten. Eine Mutter mit dünnem feinem Haar lebt ihren Wunsch nach langen Haaren dadurch aus, dass ihre Tochter ihre Haare nicht abschneiden darf. Haarkonflikte stehen häufig für den Kampf zwischen dem individuellen Ausdruck und den gesellschaftlichen Erwartungen, zwischen neuen Ideen und alten Traditionen. Eine andere Mutter schneidet ihrem schlafenden Sohn die ihrer Ansicht nach zu langen Haare ab. Ein Vater schickt seinen Sohn zum zweiten Mal zum Friseur, weil das Haar nicht kurz genug ist.

Die Körper, Köpfe und Haare von Kindern wollen mit Respekt und Liebe berührt werden. Am eigenen Kopf den Zeitdruck der Eltern zu erleben, ruft negative Empfindungen und Gefühle hervor.

TIPP *Wenn Sie gestresst oder wütend sind, kämmen oder waschen Sie die Haare Ihres Kindes später. Verklettete oder schmutzige Haare scheinen besonders Kleinkinder weniger zu stören als das Kämmen oder Waschen der*

Haare. Von daher sollte das Kämmen und Waschen angenehm sein und Spaß machen. Wenn Ihr Kind keinen Haarschnitt will, warten Sie. Wenn es zu einem Streit kommt, lassen Sie erst wieder Ruhe einkehren und reden Sie zu einem anderen Zeitpunkt darüber. Dass die Haarpflege aus Zeitgründen manchmal zu kurz kommt, ist kein Problem. Ab und zu die Haare Ihrer Kinder zu streicheln, zu kämmen und mit ihnen zu spielen zeigt Ihre Zuneigung.

Kinder haben das Recht einer Person, die sie nicht mögen, das Haareschneiden zu verweigern. Erwachsene lassen sich auch nicht die Haare von jemandem schneiden, dem sie kein Vertrauen oder Sympathie entgegenbringen. Wenn ein Kind anfängt zu schreien: »Ich will nicht, dass er oder sie meine Haare schneidet«, sieht sein Verhalten zwar unhöflich oder ungezogen aus, basiert aber womöglich auf Instinkt und Intuition.

Die meisten Kinder haben sehr viel Energie und ein großes Bewegungsbedürfnis. Der Haarschnitt sollte im Idealfall stattfinden, wenn das Kind nicht zu müde und empfindlich, aber angenehm erschöpft ist. Wenn Sie Kinder beim Haareschneiden bitten, still zu halten, erinnern Sie die Kinder daran, zu atmen, und erzählen Sie eine Geschichte.

Wenn sie gefragt werden, wissen Kinder meistens genau, was sie mit ihren Haaren machen wollen. Wenn ein Kind etwas ganz Drastisches im Sinn hat, ist es genauso ernst zu nehmen wie ein Erwachsener, der diesen Wunsch äußert. Man kann Kindern erklären, dass kurze Haare ihre Vorteile haben, aber dass es mindestens zwei Geburtstage dauert, bis sie wieder lang gewachsen sind. Erst wenn sich der Haarkunde, egal ob groß oder klein, angenommen fühlt, kann er oder sie eine reife Entscheidung treffen.

Wenn Kinder andere Haare als ihre Eltern haben, wissen die Eltern manchmal nicht, wie dieses glatte, lockige oder dicke Haar gepflegt werden muss, und müssen erst lernen, mit dem Haar umzugehen. Haarkämpfe beim Kämmen spielen sich häufiger zwischen Müttern und Töchtern ab, weil mehr Mädchen

Ein Vater kämmt seiner Tochter liebevoll die Haare.

längere Haare tragen und das Kämmen einfach länger dauert. Auch werden Jungs schon früh konditioniert, keinen Schmerz zu zeigen. Wenn die Haare Ihrer Kinder lang werden, ersetzen Sie die Babybürste durch eine große Bürste und bürsten Sie abends und morgens.

Verbotene Haare

Es ist ein wichtiger Entwicklungsschritt, sich von den Einschränkungen, den Schuldgefühlen und der Verwirrung bezüglich unserer Sexualität zu befreien, die in unsere Haare hineingekämmt wurden. **Haare sind unschuldig.**

Unsere Eltern, die Kultur, in der wir leben, unsere Religion beeinflussen die Einstellung zu unseren Körpern und zu unseren Haaren. Den Zusammenhang zwischen Haaren und Sexualität spüren wir, bevor wir ihn verstehen, durch die Art, wie unsere Eltern und andere Bezugspersonen ihre Haare tragen, berühren, stylen und darüber sprechen, um für das andere Geschlecht attraktiv auszusehen, durch die Medien und durch unsere Empfindungen, wenn unsere Haare berührt werden oder wir die Haare anderer berühren.

Und doch kann es eine Überraschung oder sogar ein Schock sein, wenn wir die Haare entdecken, die um unsere Genitalien und unter unseren Armen anfangen zu wachsen.

Können Sie sich an den Moment erinnern, an dem Sie die neuen Haare an Ihrem Körper bemerkten? Welche Gefühle hatten Sie und wie haben Sie reagiert?

Manche Kinder fühlen Verwirrung, Verlegenheit und schämen sich wegen ihrer Schamhaare. Eine Frau erinnert sich an ihre Schüchternheit und dass sie dachte, dass es ein Fehler war, weil sie noch nicht bereit war, erwachsen zu werden. Der Kommentar ihrer Mutter, »Ach wie niedlich!«, machte alles noch schlimmer. Obwohl sie mit ihren Freundinnen darüber sprach, fühlte sie sich allein mit diesen plötzlich auftauchenden Haaren. Ein Junge fühlte Scham und Unsicherheit, da er erst viel später Scham- und Barthaare als seine Freunde bekam.

Die Art, in der Heranwachsende ihre Haare tragen und sich anziehen, spiegelt deutlich ihr sexuelles Interesse und Unsicherheit wider.

Verständlicherweise versuchen Eltern ihre Kinder davor zu bewahren, zu früh erwachsen und selbst Eltern zu werden. Oft wird versucht, die sexuelle Energie auf extreme Weise zu unterdrücken. Unter dem Vorwand, die Jugendlichen vor Promiskuität zu schützen, werden Haare zusammengebunden, weggeklemmt oder abgeschnitten. Eine von vielen Frauen, die schmerzhaften Streit, Schuld- und Schamgefühle erlebten, wurde von ihren Eltern aufgrund ihrer langen Haare als Hure bezeichnet. Noch heute ist sie empfindlich, wenn Menschen etwas über ihre Haare sagen, und lässt sie sich bei sozialem oder beruflichem Stress schneiden. Dann fühlt sie sich konform, aber nicht lebendig.

Es geht darum, zu lernen und den Kindern beizubringen, wie man mit sexueller Energie umgeht.

In der Teenagerzeit machen wir enorme Veränderungen durch, brechen aus der schützenden Schale unserer Kindheit heraus und achten mehr denn je auf unser Äußeres. Jede kleine Veränderung unserer Mitschüler/innen wird beobachtet und beurteilt. Es ist eine Zeit großer Unsicherheit. Unsere Gedanken und Gefühle sind leicht beeinflussbar und verletzbar. Haare, Körper, Mode werden zu bedeutsamen Größen für den Prozess, selbstbewusst und in Frieden mit seinem Äußeren erwachsen zu werden.

- Am nächsten Tag mit einer neuen Frisur zur Schule zu gehen, wird zur Mutprobe.
- Die Unzufriedenheit mit den Haaren setzt die Lernerfahrung, sich selbst anzunehmen, in Gang.
- Die Teenager, die fast in Langeweile und langweiligen Frisuren ersticken, wünschen sich die Zukunft herbei, bis sie Freiheit und unbegrenzte Möglichkeiten für sich im Hier und Jetzt entdecken.
- Unentschlossenheit entwickelt die Fähigkeit, sich entscheiden können. Konsequenzen von spontanen und geplanten Entscheidungen werden erfahren.
- Der Zustand des »Nichtwissens, was man will« drängt nach Selbsterkenntnis und macht unbewusste Motivationen bewusst.
- Die Beeinflussung und Ratschläge der Eltern, Werbung, Modetrends, Freunde, Stars helfen bei dem Lernschritt, Rat zu differenzieren und nur anzunehmen, wenn er sich gut, erhebend und befreiend anfühlt. Es wird gelernt, sich unabhängig davon zu machen, was andere denken, oder diesem eine angemessene Bedeutung zu geben.

Die meisten Teenager hassen irgendwann irgendetwas oder alles an sich und greifen nach Make-up, Dauerwellen, Styling-Produkten, um die scheinbaren Schönheitsmakel auszugleichen oder sie machen sich bewusst hässlich. Die Hassphase ist wie eine Wanderung durch einen dunklen Tunnel. Es geht dabei darum, seine innere und äußere Schönheit zu entdecken und sich anzueignen.

TIPP *Teenager brauchen einen eigenen großen Spiegel. Wenn sie sich selbst vollständig sehen, können sie ein ganzheitliches Gefühl für ihren Körper und sein Aussehen entwickeln. Zudem wird durch einen eigenen Spiegel vermieden, dass Familienangehörige zu lange vor verschlossener Badezimmertür stehen.*
Die Stunden vor dem Spiegel sind wichtig und dienen dem Zweck, die körperlichen Seiten ihres besten Freundes fürs Leben, nämlich sich selbst, kennen zu lernen und aktiv mitzugestalten.

Haare, Sexualität und Liebe

Sexuelle Energie ist Teil der Lebensenergie. Sie entspringt unseren Sexualorganen und dem dazugehörigen Chakra und ist die Schöpfungskraft schlechthin. Unsere sexuelle Energie lassen wir mehr oder weniger bewusst oder unbewusst durch unseren Körper, die Haare, Kleidung, Stimme und unsere Gebärden fließen. Haare sind Träger sexueller Energie.

Frei ins Gesicht fallendes Haar ist sinnlich und sexuell, weil es nicht von Haarspangen, religiösen Dogmen und den Händen der Eltern eingeschränkt wird.

Wilde Haare, die durch Schweiß, Küsse und Berührungen leidenschaftlich durcheinander gebracht wurden, haben mehr Volumen und sehen feucht aus. Genau dieser »Bed Look« soll mithilfe von Styling-Produkten und der Hilfe des Friseurs kreiert werden. Die ausgebreiteten Haare einer liegenden Person sind voluminös, ein Zeichen von Willigkeit. Nasse Haare erinnern als biologische Auslöser an die Säfte des Liebesspiels.

Frauen und Männer benutzen ihre Haare, um einen Liebespartner anzuziehen. Typische Gesten von Frauen sind das symbolträchtige Umwickeln des Fingers mit den Haaren und das Nachvorne-Bringen der Haare, eine Yin-Bewegung, die eine Stimmung des Geheimnisvollen, der Verführung und des Versteckspiels hervorruft. Wenn die Haare das Gesicht bedecken, wird unbewusst ein Schleier kreiert, den der Mann penetrieren soll.

Männer fahren ihre Hände von vorn nach hinten durch die Haare, eine Yang-Bewegung, die ihr Gesicht direkt und klar zeigt, symbolisch dem ungeschützten männlichen Genital entsprechend.

Haare sind für intime Beziehungen wichtig. Im Idealfall ist sie seine Prinzessin und er ihr Prinz, einfach so, wie sie sind. Beide fühlen sich mit dem eigenen und dem Aussehen des anderen privat und in der Öffentlichkeit wohl und genießen ihre Haare auf sinnliche Weise. Doch das Haarglück eines Paars ist nicht selbstverständlich.

Zwei Menschen können verheiratet sein, aber was die Haare betrifft geschieden, wenn der Kopf und die Haare trotz sexueller Aktivität aufgrund von Lockenwicklern, Glatzenbildung, Gewohnheit, Erziehung und Angst vor Nähe eine Tabuzone darstellen, die nie berührt wird. Erinnern Sie sich an die Szene in »Jenseits von Afrika«, in der Robert Redford Meryl Streep die Haare wäscht, oder an Kyra Sedgwick, die John Travolta in »Das Phänomen« die Haare schneidet und ihm den Bart rasiert? Ein seit 40 Jahren verheirateter Mann weinte aufgrund dieser Szene. Er hatte diese Art von Intimität noch nie erlebt. Er ging nach Hause und wusch seiner Frau die Haare. Viele Menschen können sich ihr Sexualleben ohne das Berühren der Haare ihres Partners nicht vorstellen. Eine Frau fühlt sich durch das Berühren der Haare geschützt. Für sie hat dieses mit Vertrautheit zu tun. Eine andere Frau schnitt sich ihre Haare ab, weil ihr Partner ihre Haare zu wenig berührt und beachtet hat. Sie genießt es, die Haare eines anderen Menschen einfach nur anzugucken und mit ihnen zu spielen.

Erleben Sie neue Dimensionen von Zärtlichkeit, indem Sie mit Ihren Haaren über die Haut Ihres Partners streichen und sich mit Kopfhautmassagen, gegenseitigem Haarewaschen und Bürsten, liebevollen Kommentaren und Streicheleinheiten verwöhnen. Machen Sie sich keine Sorgen, dass Sie dabei Haare verlieren könnten. Die Energie der Liebe stärkt die Haare auf allen Ebenen.

Bringen Sie Haarzärtlichkeiten in Ihre Beziehung.

Kontrolle ist ein anderes Beziehungsthema, das über die Haare ausgedrückt wird. Der Grenze zwischen dem Sich-Kümmern und der Kontrolle verwischt leicht. Anstelle unserer Eltern, die über unsere Haare entschieden, macht es nun der Partner. Auf die Frage, ob ihm der Haarschnitt gefalle, sagte ein Haarkunde lächelnd: »Ja, aber meine Frau hat das letzte Wort.« Dieser Mann lässt sich in Bezug auf Haare, Garderobe und Aussehen immer noch gern bemuttern.

Ein anderer Mann antwortet auf die Frage seiner Frau »Was glaubst du, wie ich mit kurzen Haaren aussehen würde?« mit

»Wie ein Single!« Diese implizierte Drohung ist ein extremes Beispiel für das Dominieren der Haare des Partners.

Haben Sie jemals erlebt, dass Ihr/e Partner/in Ihnen zu sehr in den Haaren hing? Oder haben Sie Ihre Haare gern so getragen, wie es ihr oder ihm gefiel? Können Sie mit Ihrem/r Partner/in offen über Haare und Ihr Aussehen sprechen? Könnten Sie eine vor langer Zeit getroffene stillschweigende Vereinbarung zu Ihrem Aussehen ändern?

Wenn wir unserem Partner äußerlich gefallen wollen, beziehen wir ihn hinsichtlich Kleider- und Frisurenwahl am besten mit ein. Manche Paare mögen gelegentliche Überraschungen, doch Feingefühl ist angesagt, um Enttäuschungen und Verletzungen zu vermeiden. Wenn die Braut nach der Hochzeitsreise oder auch erst nach 15 Jahren Ehe ihre langen Haare abschneidet, ohne dieses vorher anzukündigen, fühlt sich der Ehemann eventuell betrogen, übergangen und schockiert. So ein Akt schreit nach Aufmerksamkeit und testet die Grenzen und die Liebe der Beziehung. Der Wunsch, bedingungslos geliebt zu werden, oder eine Rebellion gegen Einschränkung des Partners mag dahinter stehen.

Wenn Haare in Beziehungen dazu missbraucht werden, den anderen zu kritisieren und herunterzuziehen, ist therapeutische Hilfe angesagt. Eine glückliche Liebesbeziehung braucht Partner, die Komplimente geben und auch annehmen können. Komplimente bauen das Selbstvertrauen auf und festigen die Liebe. Ein Kompliment aus Verlegenheit oder Gewohnheit abzuschwächen, bremst den Fluss weiterer Komplimente. Lernen Sie, Danke zu sagen und mit einem tiefen Atemzug die schöne Energie von Liebe und Aufmerksamkeit in sich aufzunehmen.

»Meine Freundin ist nie mit ihren Haaren zufrieden, dabei sage ich ihr immer, wie schön sie aussieht.« Mangelndes Selbstbewusstsein und ständige Selbstkritik üben großen Druck auf das Beziehungsgefüge aus, da ein Partner ununterbrochen Anerkennung und Aufmerksamkeit braucht und der andere Partner frustriert wird, weil nichts, was er oder sie sagt oder tut, das schwache Selbstwertgefühl ausgleichen kann. Nur sich selbst annehmen und lieben lernen, kann so eine Beziehung retten.

Wenn Ihr Partner Ihnen zu zurückhaltend mit positiven Bemerkungen ist, kommunizieren Sie Ihre Bedürfnisse. Das hat nichts damit zu tun, Komplimente erhaschen zu wollen. Möglicherweise ist für manchen aufgrund von Erziehung oder Kultur Nichtssagen schon ein Kompliment, da nur das kommentiert wird, was nicht gefällt, oder Komplimente als etwas Oberflächliches angesehen werden. Manche Menschen müssen es lernen, Komplimente zu machen. Geben Sie anderen, wonach Sie sich sehnen, und warten Sie auf den Boomerangeffekt.

Konzentrieren Sie sich auf etwas an Ihrem Partner, das Sie am Anfang der Beziehung anzog oder immer noch verzaubert. Das, worauf wir uns fokussieren, wird größer und springt auf andere Bereiche über. Positive Gedanken oder Worte bringen das Beste in unserem Partner zum Vorschein.

Was andere zu Ihren Haaren sagen

In unserer Gesellschaft gibt es auffallend selten ältere Menschen mit langen Haaren. Der Archetypus des weisen Mannes und der weisen Frau ist vom Aussterben bedroht. Wir haben keine Zeit, den Senioren bei der Pflege ihrer Haare zu helfen. Es ist doch viel praktischer, im Alter kurze Haare zu tragen: »Mensch Mutti, was quälst du dich, lass dir doch 'ne Dauerwelle machen.« Wenn Ihnen auch im Alter Ihre Haare lieb und teuer sind, suchen Sie sich lieber jemanden, der Sie bei der Haarpflege unterstützt, anstatt Ihre Haare abzuschneiden.

Der Druck, den Freunde, Nachbarn, Bekannte und Familienangehörige hinsichtlich der Haare ausüben, kann von subtil bis gewaltvoll reichen.

Ungefragter Rat ist verdächtig. Warum kann der/die Ratgebende das Aussehen Ihrer Haare nicht aushalten? Bedroht Ihre Individualität die Scheinharmonie der Beziehung oder Gruppe? Das Extrem erlebte ein junges Mädchen, der die Klassenkameraden während einer Klassenfahrt nachts ihre knielangen Haare abschnitten.

Erstaunen und negatives Feedback auf eine Veränderung Ihrer Frisur zeigen, dass es den Menschen in Ihrem Umfeld schwer fällt, sich von dem gewohnten Bild von Ihnen zu trennen. Ihre Veränderung und Ihr Anderssein löst bei anderen Unsicherheit und Verlustangst aus.

TIPP *Geben Sie negativen Kommentaren keine Energie. Zeigen Sie weder Betroffenheit noch Verletzbarkeit, verteidigen Sie sich nicht, greifen Sie nicht an. Wechseln Sie einfach das Thema oder nehmen Sie dem Kommentar mit Leichtigkeit und Humor den Wind aus den Segeln. »Also ich finde, diese Frisur macht dich alt.« – »Das freut mich zu hören, ich habe mich nämlich entschieden, zu meinem Alter zu stehen.«*
Lassen Sie die, die Sie lieben, ihren eigenen Weg finden und gehen.

Die Beziehung zu Ihren Haaren

Welche Gefühle empfinden Sie gegenüber Ihren Haaren und welche Gefühle haben im Laufe Ihres Lebens die Beziehung zu Ihren Haaren dominiert? Wenn Sie gerade nichts fühlen, aber Sie ein Gefühl nennen müssten, welches wäre es?

- Neid – Warum haben andere so schöne Haare und ich nicht?
- Eifersucht – Wenn ich nur so aussehen würde wie …
- Schuldgefühle – Meine Haare sind schlecht.
- Angst vor Bestrafung, Verurteilung und Einsamkeit – Meine Haare sind nicht in Ordnung, so wie sie sind. Meine Haare sind anders.
- Traurigkeit – Ich hätte lieber andere Haare. Ich habe das Gefühl, etwas von mir zu verlieren, wenn die Haare geschnitten werden. Meine Haare werden nicht von anderen gesehen und berührt.
- Unsicherheit – Wie wirke ich auf andere, bin ich attraktiv genug? Diese Frisur wirkt lächerlich. Es ist mir peinlich, mit einer neuen Frisur zur Arbeit zu gehen. Ich traue mich nicht, meine Haare anders zu tragen.
- Schamgefühl – Meine Haare sind viel zu kurz. Diese Witze über meine Glatze verletzen mich. – Meine Schamhaare wur-

den bei der Operation einfach abrasiert. – Alle meine Haare sind bei der Chemotherapie ausgegangen.
- Stolz – Meine Haare sehen toll aus.
- Freude – Ich bin froh, dass ich Haare habe. Ich sehe meine Haare gern an und berühre sie gern.
- Ärger und Frustration – Meine Haare machen, was sie wollen. Ich kann es nicht leiden, wenn sie abstehen.
- Hassliebe – Meine Haare nerven mich, aber ich will sie nicht abschneiden.

Wie würden Sie die Beziehung zu Ihren Haaren beschreiben?
- Meine Haare passen zu mir. Sie drücken meinen Gesundheitszustand aus und auch, wie ich mich fühle. Ich denke und rede positiv über meine Haare. Die Haare sind mit meiner Persönlichkeit in Harmonie und ganz tief mit meinem Wesenskern verbunden. Meine Haare stärken mich, indem sie zu meinem Selbstvertrauen, meiner Schönheit, Sinnlichkeit und Vitalität beitragen. – Die Beziehung zum Haar ist liebevoll.
- Meine Haare dominieren mich. Sie sind mehr als ich. Menschen sagen immer, wie toll meine Haare aussehen. Mein Selbstwertgefühl hängt von meinen Haaren ab. Ich werde meine Haare abschneiden müssen, um herauszufinden, wer ich ohne meine Haare bin. – Es besteht eine Abhängigkeit von den Haaren.
- Meine Haare sind neutral. Sie sind weder eine Quelle der Freude noch der Sorge. Sie sind mir nicht so wichtig. Ich muss sie mir halt ab und zu nachschneiden lassen. – Neue Erfahrungen können neue Horizonte eröffnen.
- Täglich erlebe ich Langeweile, Ärger, mangelndes Selbstbewusstsein und Selbsthass, wenn ich meine Haare ansehe und frisiere. Ich versuche meine Haare zu kontrollieren und irgendwie zu verbessern. Ich verbringe viel zu viel Zeit vor dem Spiegel. – Die Haare sind Lehrer der Selbstannahme.
- Ich benutze meine Haare, um Menschen, vor allem potenzielle Partner, auf mich aufmerksam zu machen. Haare sind meine Maske und mein Spielzeug. Manchmal verstecken sie und manchmal betonen sie mein wahres Selbst. Ich beeinflusse, wie andere mich wahrnehmen, kreiere Mode und drü-

cke mich politisch und kulturell durch meine Haare aus. – Die Haare werden als Mittel zur Kommunikation eingesetzt.

Sie sehen nun, wie Sie Emotionen durch Ihre Haare ausleben. Dieses kann besonders im Umgang mit Ihren Mitmenschen und beim Friseurbesuch hilfreich sein.

Die eigenen Haare berühren

Menschen berühren ihre Haare als Teil der Körper- und Schönheitspflege, um die Frisur zu richten oder die Haare aus dem Gesicht zu streichen. Manche greifen in Momenten des Schocks nach ihren Haaren.

Berührung ist lebensnotwendig. Schon in der Gebärmutter berühren wir uns selbst und von Beginn unseres Lebens an sind wir von den Berührungen anderer abhängig. Doch generell lernen wir, dass es außer zur Sauberkeitspflege nicht akzeptabel ist, sich selbst zu berühren, zu massieren oder gar zu masturbieren. Seit Jahrhunderten sind Eigenberührung von Religionen und Kultur sanktioniert worden.

Besonders Stadtbewohner berühren ihren Kopf mit der Hand, wenn sie Stress, Konflikte und Langeweile erleben. Soziologen haben hunderte von Gesten untersucht, die Trost und Beruhigung spenden. Am häufigsten wird der Kiefer gestützt, dann das Kinn, die Haare, die Wangen, der Mund und die Schläfen. Frauen berühren ihre Haare häufiger und Männer ihre Schläfen. Haare werden um die Finger gedreht, gezogen, es wird mit ihnen gespielt und auf ihnen herumgekaut. Diese Art, sich zu entspannen, schadet bis zu einem gewissen Grad weder auf persönlicher noch auf sozialer Ebene. Doch wenn das Berühren der Haare zwanghaft wird, beginnt ein Leidensweg.

Zwanghaftes Haareziehen – Trichotillomanie

Menschen, die am zwanghaften Haareziehen leiden, ziehen oder zupfen sich vor allem die Kopfhaare, aber auch die Körper- und Schambehaarung, die Wimpern und Augenbrauen aus. In manchen Fällen wird auf den Haaren herumgekaut und sie werden verschluckt. Der französische Dermatologe Henri Hallopeaux hat diese Störung im Jahre 1889 als Trichotillomanie bezeichnet. Dieser Begriff setzt sich aus dem griechischen *thrix* für Haare, *tillein* für ziehen und *mania* für Manie zusammen. Etwa 0,6–2 Prozent der Bevölkerung sind betroffen. Trichotillomanie beginnt in der Kindheit oder im Erwachsenenalter, aber meistens in der Pubertät. Kinder haben größere Heilungschancen als Menschen, die in der Pubertät oder später diese Störung entwickeln. Wenn Trichotillomanie in der Kindheit auftritt, sind Mädchen und Jungen etwa gleichermaßen betroffen. Doch mit der Pubertät steigt der Frauenanteil. Das mag daran liegen, dass Frauen eher Hilfe suchen und dadurch in Erscheinung treten oder dass erwachsene Männer eher an Glatzenbildung leiden und ihre Erkrankung weniger auffällt. Vielleicht hat die Erkrankung mit dem Menstruationszyklus zu tun. Im Durchschnitt leiden die Menschen, die sich in Behandlung begeben, seit über zehn Jahren an der Störung. Sie ziehen vor allem heimlich an den Haaren und verdecken die Kahlstellen.

In den letzten Jahren hat verstärkte Öffentlichkeitsarbeit zu einer Kenntnisnahme der Krankheit beigetragen und viele Betroffene aus ihrer Isolation geholt. Wenn Menschen herausfinden, dass sie nicht die einzigen sind, ist die Erleichterung groß.

Menschen, die an den Haaren ziehen, leben meistens ganz normal, nur in Extremfällen behindert die Störung die Fähigkeit, zu arbeiten und sich um die Familie zu kümmern.

Nicht alle Menschen, die sich die Haare ausreißen, sehen die Notwendigkeit, dieses zu heilen. Womöglich wird der Einfluss der Störung aus Angst vor dem Heilungsprozess, der Veränderung, Lernen und das Umgehen mit Gefühlen mit sich bringt, heruntergespielt.

Was Trichotillomanie verursacht

Jede Krankheit besteht aus Symptom und Ursache. Haareziehen ist das Symptom und erbliche Faktoren, erlerntes Verhalten und psychologische Traumata sind mögliche Ursachen oder Ursachenkombinationen.

Die Genforschung kann noch nicht bestätigen, dass Trichotillomanie erblich bedingt ist, denn noch kein Gen, das Trichotillomanie oder andere Zwangserkrankungen auslöst, konnte isoliert werden. Manche Trichotillomanie-Betroffene haben Eltern oder Verwandte, die sich ebenfalls die Haare herausreißen oder an einem anderen Zwang leiden. Doch die Grenze zwischen Vererbung und erlerntem Verhalten ist unklar. Zum Beispiel kann der körperliche und psychische Zustand einer schwangeren Frau, die stundenlang ihre Haare ausreißt und dadurch eine gewisse Entspannung erlebt, von dem Fötus wahrgenommen, verinnerlicht und später als Kind wiederholt werden.

Trichotillomanie kann auch durch das Zusammentreffen verschiedener Ereignisse, zum Beispiel in der Pubertät als Reaktion auf große innere Anspannung, entstehen und für den Betroffenen einen Ausweg darstellen. In zukünftigen Stresssituationen werden dann die Haare herausgerissen und die Erfahrung kurzfristiger Ablenkung, Erleichterung und Entspannung verstärkt die Wiederholung des Verhaltens.

Es ist von Mensch zu Mensch unterschiedlich, ob und was für ein Trauma der Entwicklung von Trichotillomanie vorausging, wie intensiv und wie viel Zeit zwischen Trauma und Beginn der Störung liegen.

Ein Trauma ist eine psychologische Wunde, die durch emotionalen, körperlichen und/oder sexuellen Missbrauch in Form von Gewalt, Strafe, Entzug, Verlassenwerden und fehlende Befriedigung von Grundbedürfnissen verursacht wurde. Wenn ein Mensch nicht in der Lage ist, den Schmerz, den so ein Trauma auslöst, auszudrücken, wird dieser unterdrückt oder in Krankheit und selbstzerstörerisches Verhalten umgewandelt. Wie ein Splitter dringt er in das Körper-Geist-Seele Gefüge ein und manifestiert Störungen und Spaltungen in den neurobiologischen, chemischen, emotionalen und spirituellen Dimensionen. Das ist eine normale, instinktive Reaktion. Wir bedecken unsere psychischen Wunden so schnell wie möglich, genauso wie der Körper sofort alles in Bewegung setzt, das Bluten zu stoppen.

Das Wesen der Trichotillomanie

Laut psychiatrischer Definition fällt Trichotillomanie neben der Kleptomanie, Pyromanie und Spielsucht in die Kategorie der Störung der Impulskontrolle. Manche Betroffene ziehen ihre Haare sogar im Schlaf aus. Doch gibt es Ähnlichkeiten zu Zwangsstörungen und dem Tourette-Syndrom, bei dem unwillentlich motorische oder vokale Tics auftreten, zum Beispiel ein Augenlid, das ununterbrochen blinzelt, oder ein Körpergeräusch, das ständig wiederholt wird.

Psychoanalytiker bezeichnen Haareziehen als auto-erotisches und auto-aggressives Verhalten, vergleichbar dem Daumenlutschen, Nägelbeißen und zwanghaftem Ausdrücken von Pickeln und Kratzen der Haut. Die Grundannahme ist, dass der Fluss der Libido, der sexuellen Energie, unterdrückt wurde und nun einen neuen Weg gefunden hat, sich auszudrücken. In diesem Sinn wird zwanghaftes Haareziehen als Masturbationsersatz gesehen.

Viele Betroffene räumen einen gewissen Grad an Lustempfinden ein. Einige Betroffene, die versucht haben, sich entweder durch ein gesundes Sexualleben oder durch Enthaltsamkeit zu heilen, sahen keinen Einfluss auf ihren Drang, sich die Haare herauszuziehen.

Trichotillomanie ähnelt Alkoholismus, Esssüchten und Drogenmissbrauch, indem all diese Störungen extreme Formen sind von dem, was wir täglich tun: trinken, essen, genießen, uns sauber halten.

Trichotillomanie stößt leicht auf Unverständnis. Was könnte jemand bloß davon haben, sich die Haare herauszureißen? Genau wie der Alkoholiker sich mit Getränken betäubt, so betäubt sich die Person, die an den Haaren zieht, indem sie in eine andere Welt flieht. Auf emotionaler Ebene wird dem Bedürfnis gefolgt, Spannungen, Schmerz, Druck abzubauen. An den Haaren zu ziehen, ist ein Weg, sich negativen Gefühlen zu entziehen.

Eine Priorität bei der Heilung von Trichotillomanie ist es, die Erkrankung zu verstehen. Der Drang, die Haare herauszuziehen, kann nicht gestoppt werden. Der Wille ist schwach, gebrochen oder existiert nicht. Der Wille, das Haar herauszuziehen, ist stärker als der Wille, es nicht zu tun.

Trichotillomanie im gesellschaftlichen Kontext

Menschen, die sich die Haare herausreißen, sagen oft, dass sie sich hinterher sauberer fühlen. In diesem Sinne erinnert Trichotillomanie an ein grundlegendes biologisches Verhalten, das übertriebene und unangemessene Proportionen angenommen hat. Das Saubermachen der Haut wird durch das Haareausreißen erreicht.

Schmutz ist ein Feind unserer Gesellschaft, der mit exzessiven Hygienepraktiken bekämpft wird. Davon profitiert eine riesige Industrie, deren Werbekampagnen zu extremen Reaktionen wie zwanghaftem Saubermachen und übertriebenem Gebrauch von Putzmitteln führen können.

Auch das gewohnheitsmäßige bis zwanghafte Abbrechen und Abschneiden von gespaltenen Haarspitzen muss im Zusammenhang mit dem intensiven Marketing für Haarreparaturprodukte gesehen werden, dem wir seit den 1980er Jahren ausgesetzt sind. Gespaltene Haare sind zum Symbol von Mangel an Vitalität, Krankheit und Unvollkommenheit geworden. Die Existenz eines gespaltenen Haars ist – genau wie ein kleiner Pickel auf der Haut – für die nach perfekter Schönheit Strebenden eine Katastrophe.

Trichotillomanie kann als der Schmerz gesehen werden, der verbannt wurde, um zu überleben und weiterzuleben. Das Gehirn wählte dieses, weil es die beste Alternative schien, körperliches, emotionales und geistiges Überleben zu garantieren. Auch wenn eine Person beim Haareausziehen keinen Ärger oder Schmerz mehr spürt, so demonstriert der Akt des Haareausziehens doch die körperliche Entsprechung dieser Gefühle in Zeitlupenaufnahme.

Die Stimme, die irgendwann einmal schreien wollte »Nein, wenn das das Leben ist, will ich es nicht«, sagte stattdessen seit Jahren ganz leise »Ich werde weiterleben, aber ich töte dieses Haar, bevor es von allein stirbt, und dann dieses«.

Trichotillomanie ist der nie herausgelassene Schrei, der nun Stückchen für Stückchen, ein Haar zurzeit, geschrien wird. Wenn ein Haar aus dem Körper gezogen wird, schmerzt es beim ersten Mal ein bisschen. Doch wird die Schmerzgrenze höher angesetzt, wenn Haare kontinuierlich ausgezogen werden.

Wenn Haare ausgezogen sind, verschafft das Erleichterung, weil ein bisschen von dem inneren Schmerz und der Anspannung herausgelassen wurde.

Menschen ziehen sich täglich ihre Haare ein paar Minuten bis zu ein paar Stunden lang aus. Manche ziehen, bis sie das Gefühl haben, eine gewisse Symmetrie erreicht zu haben, andere ziehen, bis sie von außen unterbrochen werden.

Das Haareziehen wird hauptsächlich durch Stress, emotionales Unbehagen, Zucker, Koffein, Aufputschmittel, Nervosität, Langeweile, Unruhe und in Situationen, in denen man still sitzen muss, ausgelöst.

Die Heilung von Trichotillomanie

Menschen mit Trichotillomanie versuchen, sich von diesem Leiden zu befreien, indem sie abwechselnd versuchen, aufzuhören und dann wieder resignieren. Nachdem verschiedene Methoden ausprobiert wurden und nach professioneller Hilfe gesucht wurde, hören sie entweder mit dem Haareausreißen auf, haben gelegentliche Rückfälle oder machen weiter. Weniger als die Hälfte erlebt vollständige Heilung. Trichotillomanie wird erst seit kurzem erforscht und es fehlen Langzeitstudien.

Im Einzelfall haben Menschen sich von Trichotillomanie mit oder ohne Behandlung, Therapie oder Medikamente geheilt:

- In der Verhaltenstherapie lernt eine Person, ihr Verhalten zu beobachten, zu modifizieren und zu steuern. Trichotillomanie ist ein erlerntes Verhalten, das umgelernt werden muss. Verhaltenstherapie wird allein oder zusätzlich zu medikamentöser Behandlung angewandt.
- Beruhigungsmittel, Antidepressiva und Serotonin-Wiederaufnahme-Hemmer werden bei Trichotillomanie eingesetzt. Sie können exzessives Haareziehen mildern und als temporäre Hilfe besonders bei Kindern dienen, die sich die Haare bis zur Glatzköpfigkeit ausreißen und von ihrem Umfeld verspottet und ausgeschlossen werden.
- Weitere Therapie- und Behandlungsmöglichkeiten sind unter anderem klassische Homöopathie, Hypnose, biodynamische Psychotherapie und reichianische Körperarbeit. Eine emotionale oder körperliche Störung wird bis zu dem Trauma zurückverfolgt, das den Menschen in der Kindheit, Schwangerschaft oder sogar in den Leben der Eltern, Vorfahren oder der eigenen Seele gestört hat. Dann werden die abgespaltenen Teile im therapeutischen Prozess wieder zusammengeführt.
- Entspannungstechniken, ausreichend Schlaf, ausgewogene Ernährung, Nahrungsergänzungsmittel, Sport, Lebensphilo-

sophien, Kunst (Malen, Tonarbeiten), Handspielzeuge (Knetbälle) sowie das Kämmen, Bürsten und Massieren von Kopf und Haaren sind weitere Hilfen auf dem Heilungsweg. Bewusste Haarpflege und vor allem positive Berührungen des Kopfes und der Haare durch einen selbst und andere können Entspannung und Erleichterung verschaffen.
- Akupunktur wird erfolgreich bei nervösen Störungen und allgemeinen Stress angewandt. Sie kann auch eingesetzt werden, um Ernährungsveränderungen und den Verzicht auf Nikotin und Koffein zu erleichtern.

Wenn Sie eine Beziehung zu einer Trichotillomanie-Betroffenen haben, befassen Sie sich objektiv und subjektiv mit dieser Erkrankung und ihrer Beziehung. Wenn Sie jemals mit einem Alkoholiker oder Raucher zu tun hatten, werden Sie schnell herausgefunden haben, dass es sinnlos ist, die Person zu bitten, zu ermahnen oder zu drängen aufzuhören. Verwandte und Partner von Menschen, die an den Haaren ziehen, werden wütend, fühlen sich schuldig und verantwortlich für die Störung. Muster der Co-Abhängigkeit sollten in der Therapie aufgedeckt werden. Das zwanghafte Haareziehen kann ein Ausdruck dysfunktionaler Kommunikation zwischen mehreren Familienmitgliedern sein. Oft agiert ein Familienmitglied die übergeordnete Familienproblematik aus.

Trichotillomanie ist eine Erkrankung und keine schlechte Angewohnheit. Bestrafungen, Liebesentzug und Kritik helfen nicht, sondern verstärken im Gegenteil das ohnehin schon niedrige Selbstwertgefühl des Betroffenen, was dann wiederum zu vermehrtem Haareausreißen führen kann.

Bei der Überwindung von Trichotillomanie, unabhängig davon, wo Sie sich in Ihrem Heilungsprozess befinden, können folgende Schritte hilfreich sein:

1. Wenn Sie erkennen, dass Sie nicht die einzige Person auf der Welt sind, die ihre Haare herausreißt, lassen Sie die Schuld- und Schamgefühle, die Sie mit sich tragen, los. Entlassen Sie den Gedanken, dass Sie verrückt sind. Negative Gefühle und Gedanken verstärken emotionales Unbehagen, das Sie gewohnt sind, durch Haareziehen zu unterdrücken.

Sie sind nicht allein, doch so viel Hilfe und Unterstützung Sie auch bekommen, Sie müssen allein den Weg zur Veränderung und zur vollständigen Heilung gehen. Niemand kann dieses für Sie tun. Wenn Sie sich entscheiden, sich zu heilen, werden die Kraft des Universums und die Unterstützung Ihrer Freunde hinter Ihnen stehen.
Wenn Sie zu den Menschen gehören, die ein recht angenehmes Leben haben und nur diese eine Last, das Haareziehen tragen, dann kann es eine große Herausforderung sein, aus dieser Bequemlichkeitszone herauszutreten. Wenn Ihr Leben davon abhinge, würden Sie sicher das nächste Haar nicht mehr ausreißen. Auch wenn Ihr Leben nicht wirklich in diesem Moment auf dramatische Weise bedroht wird, so verlieren Sie es doch ununterbrochen an die Störung.

2. Schreiben, erzählen, malen Sie Ihre Haargeschichte. Drücken Sie Ihre Gefühle Ihrer Krankheit gegenüber aus. Es wird Ihnen Abstand zu Ihrer Erkrankung und ein Gefühl der Kontrolle ermöglichen. Sie werden erkennen, dass Sie viel mehr sind als Ihre Erkrankung.
Auch wenn man Ihnen Ihre gebrochene Willenskraft am Kopf ansieht, ist Ihre Willenskraft nicht vollständig gebrochen und nicht irreparabel. Der Beweis ist, dass Sie leben. Der menschliche Wille wird durch den Lebenstrieb aktiviert und durch den Todestrieb geschwächt. Verschieben Sie Ihren Fokus von »Ich habe keine Willenskraft, weil ich nicht aufhören kann, an den Haaren zu ziehen« auf »Ich habe Willenskraft in vielen Bereichen meines Lebens und was meine Haare betrifft, so ist mein Wille manchmal schwach und manchmal stark«.

3. Lernen Sie so viel wie möglich über diese Erkrankung und ihre Behandlungsmöglichkeiten. Wenn Heilung Ihr Ziel ist, machen Sie so lange eine Therapie, bis Sie geheilt sind.
Wenn Menschen sagen »Ich habe alles versucht«, stimmt dieses einfach nicht. Wenn sie alles versucht hätten, wären sie geheilt. Es gibt für jede Frage eine Antwort, für jedes Problem eine Lösung.
Wenn Sie sich an einen Spezialisten wenden, denken Sie daran, dass Sie auch ein Experte der Erkrankung und be-

sonders Ihrer persönlichen Manifestation dieser Erkrankung sind. Übernehmen Sie volle Verantwortung für Ihre Heilung.

4. Warum ziehen manche Menschen an den Haaren, andere leiden am zwanghaften Händewaschen und andere sind alkoholabhängig? Fällt das Trauma zufällig in einen bestimmten Bereich unseres Gehirns? Deutet es auf ein bestimmtes Thema hin, mit dem sich ein Mensch auseinander setzen muss, um sich zu entwickeln? Haben wir dieses Thema durch unerlöste Erfahrungen der Vorfahren auf körperlicher oder psychoemotionaler Ebene, dem kollektiven Bewusstsein, übernommen? Als Betroffene suchen wir Antworten aus der Vergangenheit. Alles ist möglich. Es gibt Traumata, die aus der Vergangenheit und aus vergangenen Leben mit unseren Haaren verbunden sein können. Nicht wissen, warum die Haare ausgerissen werden, trägt zur Verwirrung bei und verstärkt das Gefühl, ein Opfer zu sein. Das Trauma aufzuspüren, garantiert nicht das Ende des Haareziehens. Es gibt jedoch Einzelfälle, in denen die Erleichterung, die die Aufarbeitung von etwas Vergangenem mit sich bringt, zur Heilung führte.

Fühlen Sie sich bestraft, gesegnet, besessen, verflucht oder verhext? Sehen Sie Ihre Erkrankung als Strafe für Taten in vergangenen Leben oder als Herausforderung Gottes an, um Spiritualität zu finden und zu wachsen?
Wenn Sie sich bestraft oder verflucht fühlen, kann das mit dem Schuldgefühl zusammenhängen, das durch ein vorausgegangenes Trauma entstand. Sich selbst und anderen zu vergeben, ist eine Möglichkeit, Vergangenes loszulassen. Machen Sie sich bewusst, dass Sie stärker sind als jeder mögliche Fluch. Was spirituelles Wachstum betrifft, so sollten Sie nicht denken, dass Sie nur durch Krankheiten und Probleme wachsen.

5. Nehmen Sie an Selbsthilfegruppen und Konferenzen teil, die über den neuesten Stand der Forschung informieren, neue Behandlungsmethoden vorstellen und Erfolg von Betroffenen mitteilen.

Nach Jahren der Isolation und Hilflosigkeit sehnen sich Trichotillomanie-Betroffene nach Bedeutung, einer neuen Identität und Verbundenheit. Wenn eine Trichotillomanie-Betroffene eine andere Betroffene trifft, fühlt es sich an, als ob sich zwei Seelenpartner gefunden hätten.
Von daher besteht die Gefahr, dass wir länger als nötig als Betroffene in Gruppen oder Organisationen weilen, um unsere Identität als Opfer und Betroffene aufrechtzuerhalten und mit vielen neuen Freunden durch die Krankheit verbunden zu bleiben. Doch als Menschen, die Trichotillomanie überwunden haben, können wir endlich unser Leben ohne die Einschränkung der Krankheit leben und weiterhin anderen Betroffenen helfen.

6. Behandeln Sie Ihre Haare weiterhin mit Liebe, Aufmerksamkeit und wachsendem Bewusstsein. Freuen Sie sich auf all das, was Sie mit Ihren Haaren erleben können: den Wind, Berührungen, Ihre Schönheit und Kraft.
   Egal welche Last wir durch das Leben tragen, sei es eine Sucht, ein Verhalten, eine Krankheit, wir haben die Wahl, sie abzulegen und ohne sie weiterzugehen. Wenn die Last hinter uns liegt, sehen wir oft das Gute, das sie uns gebracht hat.
   Trichotillomanie liegt im Schatten, den Haare im Licht werfen. Die allgemeine Botschaft dieser Erkrankung ist, Mitgefühl für sich selbst und andere zu entwickeln und die Bereitschaft, sich selbst zu heilen.

7. Trichotillomanie hat den Ruf, äußerst hartnäckig zu sein. Beobachten Sie Ihre Gedanken zu Ihrem Heilungsprozess:
   »Alles, was aus dem Gleichgewicht gebracht wurde, kann wieder ins Gleichgewicht kommen.«
   »Ich werde geheilt sein.«
   »Ich habe so viel Schmerz und Leid erfahren. Ich trage die genetische Last meiner Vorfahren. Meine Krankheit ist eine komplizierte, neurochemische, hormonale, geistige Störung, mit der ich mein Leben lang leben muss. Ich leide an einer unheilbaren Krankheit.«
   »Ich brauche ein paar Leben, um mich von diesem Schmerz zu erholen.«

»Es gibt Schlimmeres, als an den Haaren zu ziehen.«
»Die Medizin hat Wunder bewirkt. Dafür werde ich ein lebender Beweis sein.«
»Ich bin vom zwanghaften Haareziehen geheilt.«

Wie denken Sie über Ihr Haareziehen? Wenn Sie Ihre Haare ausziehen, was denken Sie dabei? Wiederholen Sie ständig innerlich, dass Sie nicht aufhören können? Unsere Gedanken bestimmen unsere Realität. Sich die Kerngedanken bewusst zu machen und sie durch positive Gedanken zu ersetzen, ist ein Schritt auf dem Weg der Heilung.

Eine neue Kultur des Haareschneidens

Ein großartiges Haarschneideerlebnis ereignet sich,
wenn die verschiedenen Elemente der Beziehung, Professionalität
und Ambiente harmonisch aufeinander abgestimmt sind.
Ein hervorragendes Haarschneideerlebnis findet statt,
wenn Friseur und Kunde diese Aspekte vertiefen und erweitern.
Ein magisches Haarschneideerlebnis geschieht,
wenn Heilung, Transformation und Verbindung Friseur
und Kunden transzendieren.

Der Akt des Haareschneidens verbindet zwei Menschen auf faszinierende Weise miteinander. Jeder, der seinen Kopf und seine Haare einem anderen Menschen anvertraut, profitiert davon zu lernen, wie gemeinsam ein positives Resultat erzielt wird. Das Geheimnis eines außerordentlichen Haarschnitts ist eine ausgezeichnete Beziehung zwischen Friseur und Kunde, das Fachwissen des Friseurs und eine unterstützende Atmosphäre. Dann kann etwas geschehen, das in metaphysische Dimensionen hineinreicht. Das Haarschneideerlebnis wird Teil der eigenen Heilung und des persönlichen Wachstums.

Wie man Haareschneiden zu einem großartigen Erlebnis macht

Stellen Sie sich vor, in welcher Umgebung und zu welcher Zeit sich die ersten Menschen ihre Haare schnitten. Archäologische Untersuchungen aus der Eiszeit weisen darauf hin, dass scharfe Steine, Muscheln und Knochen zu den ersten Haarschneidewerkzeugen gehörten.

Schon in der Frühzeit wurde das Haar benutzt, um eine Person von der anderen zu unterscheiden: Männer von Frauen, Krieger von Medizinmännern, Verheiratete von Unverheirateten und höher von niedrig gestellten Positionen in einer bestimmten Gesellschaft. Verschiedene Haartrachten bedurften der Hilfe eines anderen Menschen und so entstand der Beruf des Friseurs.

Auch heute noch erspüren, beurteilen und verstehen Friseure die Bedürfnisse ihrer Kunden unter Berücksichtigung der beruflichen, privaten und gesellschaftlichen Situation. Es kann sich merkwürdig oder aufregend anfühlen, von einem fremden Menschen die Haare geschnitten zu bekommen. Die Beziehung zwischen Friseur und Kunde hat ganz unterschiedliche Nuancen und ähnelt innigen Beziehungen: Eltern-Kind, Schüler-Lehrer, Geschwister, Freunde, Partner. Menschen, die ihren idealen Friseur gefunden haben, können sich körperlich und geistig entspannen. Sie geben ihre Kontrolle auf und legen die Verantwortlichkeit in die Hände des Friseurs. Die spezielle Art der Entblößung vor dem Friseur macht es leicht, über private Angelegenheiten zu sprechen, über Träume und Ängste, um Rat zu fragen und dunkle Geheimnisse zu gestehen.

Wenn einer von beiden umzieht, reisen treue Kunden durch das ganze Land, um ihren Friseur zu sehen. Es ist so wichtig, dass uns jemand die Haare schneidet, dem wir als Person und Experte vertrauen. Manche wissen nicht, wie sie es ihrem Langzeitfriseur sagen sollen, dass sie zu einem anderen Friseur gehen möchten. Kunden ziehen weiter, wenn die Umgebung und Atmosphäre, die Dienstleistung oder die Beziehung nicht mehr stimmen. Wenn der Friseur sich darauf konzentriert, sich um die Haare des Kunden zu kümmern, anstatt sie zu besitzen und wenn der Kunde emotional und geistig aktiv an der Gestaltung teilnimmt, können weder besitzergreifendes Verhalten und Stolz noch Unsicherheit oder Abhängigkeit die Beziehung gefährden.

Klare, effektive Kommunikation ist der Schlüssel jeder befriedigenden Beziehung. Es ist selten eine Katastrophe, wenn der Friseur die Haare ein bisschen kürzer als geplant schneidet und sich entschuldigt und vielleicht auch die Kundin zugibt, dass sie sich nicht ganz sicher war, was sie wollte. Aber es ist traumatisch, wenn der Friseur nicht zuhört oder dem Kunden seinen Willen aufdrängt. Von allen schlechten Haarschnitten sind die meisten die zu kurz geratenen. Friseure haben viele Kunden und nach einer Weile fangen die Köpfe an, ähnlich auszusehen. Tragen Sie zu dem Erfolg des Haarschnitts bei, indem Sie den Friseur auf Ihre besonderen Bedürfnisse aufmerksam machen.

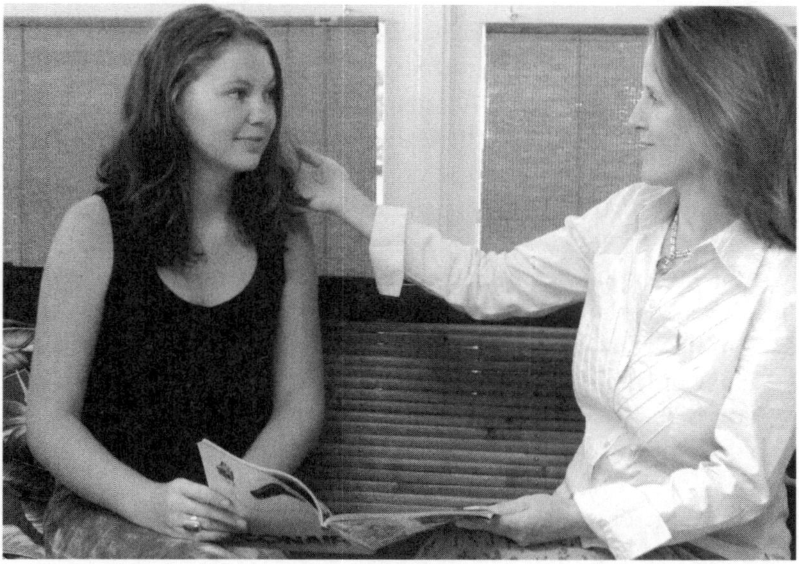

Beratungsgespräch im Hair Garden

Das Neuro-Linguistische Programmieren ist ein Zweig der Psychotherapie, der das Wissen um die verschiedenen Wahrnehmungskanäle (unter anderem visuell, auditiv und kinästhetisch) zur Verbesserung unserer Kommunikation einsetzt. Grundsätzlich nehmen wir unsere Umwelt mit allen fünf Sinnen wahr, bei den meisten von uns dominiert jedoch eine Form der Sinneswahrnehmung. Die folgenden Fragen verdeutlichen, in welcher Weise Ihr Gehirn hauptsächlich Sinneseindrücke verarbeitet. Wenn Sie eine Antwort bejahen, kreisen Sie den Buchstaben ein.

Haarkunde:

- Schließen Sie Ihre Augen beim Haareschneiden, um sich zu entspannen und die Berührungen zu genießen? (K)
- Sind Sie geräuschempfindlich und ziehen beim Haareschneiden Stille vor? (A)
- Schauen Sie dem Friseur gern beim Schneiden zu? (V)

Ist es Ihnen am wichtigsten,

- wie der Haarschnitt aussieht? (V)
- wie sich der Haarschnitt anfühlt? (K)
- wie andere reagieren? (A)

Welchen Teil Ihres Friseurbesuchs mögen Sie am liebsten?
- das Verwöhntwerden und Shampoonieren (K)
- das Gespräch und die Atmosphäre (A)
- einen neuen Haarschnitt und ein anderes Image zu bekommen (V)

Friseur:

Wovon lassen Sie sich beim Schneiden und Gestalten hauptsächlich leiten?
- von Ihrer Intuition, Ihrem Instinkt und von dem, wie sich das Haar anfühlt (K)
- von dem, was der Kunde kommuniziert (A)
- von dem Potenzial, das Sie in den Haaren sehen (V)

Worauf konzentrieren Sie sich während des Haareschneidens am meisten?
- auf Linien, Winkel, das Aussehen der Haare (V)
- auf die Berührung und die Fürsorge (K)
- auf das Gespräch und das Umfeld (A)

Wann haben Sie gute Arbeit geleistet?
- wenn die Haare schön aussehen (V)
- wenn sich die Haare schön anfühlen und der Kunde zu schweben scheint (K)
- wenn der Kunde ein begeistertes Feedback gibt (A)

Zählen Sie die Buchstaben nach jeder Aussage zusammen und ermitteln Sie, welcher Wahrnehmungskanal bei Ihnen dominiert. »A« steht für auditiv, »K« für kinästhetisch und »V« für visuell.

Ein großartiges Haarschneideerlebnis berücksichtigt alle Formen der Verständigung und geht so weit wie möglich auf die Kommunikationsstruktur des Kunden ein. Nachfolgend gebe ich ein paar fiktive Szenen wieder, die das Zusammentreffen verschiedener und gleicher Kommunikationstypen beschreiben:

Ein kinästhetischer Kunde kommt in den Salon eines auditiven Friseurs. Er wird mit einem melodiösen »Hallo« aus dem Hinterzimmer begrüßt, obwohl ihm ein Handschlag oder eine Berührung der Schulter viel stärker das Gefühl vermittelt hätte, willkommen und geschätzt zu sein.

Kinästhetische Kunden fühlen sich leicht von den Fragen und Erklärungen, was alles mit den Haaren gemacht werden könnte, genervt. Sie wollen sich einfach nur hinsetzen, ihre Augen schließen und die Hände des Friseurs durch ihre Haare streichen fühlen. Wenn dann der Friseur beginnt, zu der Musik im Radio zu summen, fühlt es sich für sie so an, als ob er sich nicht konzentriere und nicht ganz bei ihnen sei. Wenn der Kontakt dann durch einen Telefonanruf unterbrochen wird, der Friseur bei der Kopfhautmassage über ein bevorstehendes Konzert spricht und der Tee auch noch kalt ist, können sie das Haareschneiden ganz und gar nicht genießen.

Ein auditiver Kunde kommt zu einem kinästhetischen Friseur. Der Kunde möchte den Haarschnitt vorab ausführlich diskutieren, während der Friseur anfängt, mit den Haaren zu spielen. Wenn der Friseur bemerkt, dass die Haare trocken sind, wird ein Pflegeplan entworfen. Der Kunde möchte nun genau wissen, was in den empfohlenen Präparaten enthalten ist, was den Friseur davon ablenkt, sich voll und ganz auf die Haare einzulassen. Wenn Haarschnitt und Pflegebehandlung fertig sind, lächelt der Friseur den Kunden liebevoll an, der inzwischen unsicher geworden ist, da es für seine Begriffe zu wenig Kommunikation und verbale Bestätigung gab.

Es ist auch nicht optimal, wenn zwei Personen mit ähnlicher Dominanz zusammentreffen. Zwei auditive Menschen reden zu viel, womöglich auf Kosten der Präzision. Zwei visuelle Typen stellen sich einen atemberaubenden Haarschnitt vor, durch ein Foto inspiriert, um dann festzustellen, dass es schwierig war, ihre Visionen in Realität umzusetzen. Zwei Kinästethiker vergessen die Zeit. Der Friseur ist zu spät für seinen nächsten Termin und der Kunde muss noch mal wiederkommen, weil er etwas vergessen hat.

Der Haarschneideprozess wird vom visuellen und kinästhetischen Sinn geprägt, da der Vorgang Sehen und Fühlen involviert. Missverständnisse beim Friseur entstehen hauptsächlich, wenn die Kommunikation ausschließlich über den auditiven Kanal abläuft. Die alles entscheidende Frage »Wie viel möchten Sie abgeschnitten haben?« muss deshalb verbal, kinästethisch und visuell beantwortet werden.

Ein Zentimeter hat nicht für jeden die gleiche Länge. Visuelle Hilfen wie Lineale und die genaue Länge mit den Fingern anzugeben, sind wichtig. Fotos, Bilder, Zeichnungen oder Computersimulationen helfen, den gewünschten Haarschnitt zu beschreiben. Die meisten Friseure haben eine visuelle Dominanz, und es ist viel leichter für sie, nach einem Bild zu arbeiten als nach einer Beschreibung.

Zeigen Sie auf kinästhetischer Ebene, wo Ihr Haar abgeschnitten werden soll. Der Friseur zeigt dann ebenfalls mit seiner Hand die Höhe an, die nicht überschritten wird.

Betonen Sie verbal, was Sie als Kunde möchten, und bestätigen Sie als Friseur, was Sie gehört haben: »Das hört sich gut an!«

TIPP *Die Beratungsphase ist wesentlicher Bestandteil, um das beste Ergebnis für Sie und Ihr Image zu erreichen. Es sollte mit einem gemeinsamen Ziel abgerundet werden. Als Kunde können Sie diese Phase vorbereiten, indem Sie sich schon vor dem Besuch Gedanken machen. Auch wenn Sie es nicht gewohnt sind, über Ihre Haare zu reden, hoffen Sie nicht stillschweigend, dass der Friseur schon weiß, was er tut und was Sie wollen. Reden, wiederholen und bestätigen Sie!*

Wenn Sie den gleichen Haarschnitt möchten, den Sie vorher hatten oder schon lange haben, frischen Sie trotzdem das Gedächtnis des Friseurs auf. Wenn Sie bei einem neuen Friseur sind, muss der Schnitt im Detail beschrieben werden. Manchmal ist es schwierig, den letzten Haarschnitt aus dem herausgewachsenen Haar abzulesen. Wann immer Sie einen tollen Haarschnitt haben, lassen Sie sich von vorn, von der Seite und von hinten fotografieren und nehmen Sie die Fotos zum Friseurbesuch mit. Oft erlebe ich es, dass Kunden mir ein Foto mitbringen, das vor vielen Jahren aufgenommen wurde. Auch wenn sich vieles verändert haben mag, versuche ich, das zu extrahieren und dann zu wiederholen, was diesen Haarschnitt besonders positiv gemacht hat.

Wenn Kunden und Friseure mit Friseurbegriffen kommunizieren, wie zum Beispiel Namen für bestimmte Haarschnitte – ein Rundschnitt, ein Bob, den Look der 1920er, 1950er, 1990er Jahre, ein klassischer, griechischer oder ägyptischer Stil –, vergewissern Sie sich, dass Sie das Gleiche meinen. Am meisten missverstanden wird der Begriff »Stufen«. Wenn Frauen mit feinem geradem Haar mehr Volumen wünschen, fragen sie manchmal nach einem Stufenschnitt. Dieser funktioniert allerdings nur, wenn er mit Lockenwicklern und Stäben unterstützt wird. Wenn die Haare einfach nur herunterhängen, sehen sie sogar dünner aus, weil Stufen bedeuten, dass verschiedene Haarlängen geschnitten werden. Beim Stufenschneiden fällt oft zu viel von dem Haar ab, das jahrelang gewachsen ist.

Der Friseur steht hinter dem sitzenden Kunden und dominiert aufgrund der Körpersprache die Begegnung. Oft fühlt er sich verpflichtet, die Unterhaltung zu führen. Stille kann da eine angenehme Abwechslung sein. Das Haarschneideerlebnis profitiert von erhöhter Leistung, Entspannung und ruhiger Harmonie. Wenn eine Person einen Haarschnitt erhält und dabei negativen Dingen oder einer Unterhaltung über ihrem Kopf hinweg zuhören muss, wird sie sich vermutlich unsicher und unhöflich behandelt fühlen. Wenn der Friseur von seiner Scheidung berichtet, wundern Sie sich nicht, wenn Sie den Salon mit Kopfschmerzen verlassen. Als Kunden haben wir das Recht, Nein zu sagen, unsere Meinung auch in letzter Minute zu ändern und zu gehen, wenn sich irgendetwas nicht richtig anfühlt. Wenn Haarkunden ihr Herz ausschütten, ist das eine andere Sache.

Die Qualität des Haarschneideerlebnisses hängt mit der Chemie zwischen den Beteiligten zusammen. Wenn zwei einen guten Draht zueinander haben, kann der Friseur entspannt und künstlerisch arbeiten. Um einen besonderen Friseur und besondere Kunden zu finden, schreiben Sie auf, nach was für einem Menschen Sie suchen. Benutzen Sie das, was Sie über Ihre Beziehung zu Ihrem Haar gelernt haben, wenn Sie zum Haareschneiden gehen. Die Beziehung zwischen dem Friseur und Ihnen, aber auch Ihre Beziehung zu Ihrem Haar, beeinflusst, wie der Friseur Ihre Haare behandelt.

Das erste Mal bei einem neuen Friseur zu sein, ist für Menschen, die es lieben, sich hinzugeben, berauschend. Personen, die Zeit brauchen, um Vertrauen aufzubauen, haben fühlen sich erst zu einem späteren Zeitpunkt wohl.

Menschen gehen zum Friseur, um sich die Haare schneiden zu lassen. Doch darüber hinaus zählen andere Gründe wie Freundschaft und das Erwerben eines Statussymbols. Zu verstehen, warum Sie einen bestimmten Friseur und Salon gewählt haben, kristallisiert Ihre Bedürfnisse heraus und stärkt Sie darin, das zu manifestieren, was Sie sich wünschen. Manche Friseure sind autoritär und manche eher unterwürfig. Manche sind eher yin-betont, sie sind weich, ruhig und entspannen Sie, und andere sind eher yang-betont, sie sind dynamisch und geben Ihnen Energie.

Ziehen Sie es vor, von einer Frau oder einem Man berührt und umsorgt zu werden? Möchten Sie lieber loslassen und vertrauen oder Kontrolle behalten? Mögen Sie Abwechslung oder langandauernde Beziehungen? Mögen Sie einen geselligen Haarschnitt oder einen privaten? Wonach suchen Sie zusätzlich zum Haarschnitt? Freundschaft? Bestätigung? Spaß? Führung?

Mit einer Gruppe von Frauen oder Männern im Friseursalon zu sein, ist für viele ein angenehmes und wichtiges soziales Ereignis. Andere Dienstleistungen, zum Beispiel Gesichtsbehandlungen, Massagen oder komplette Wellnessanwendungen, erinnern an die römischen Bäder, wo ein ganzer Tag damit verbracht wurde, zu reden und sich zu pflegen. Je länger die Haarbehandlungen dauern, desto mehr Unterhaltung wird gewünscht.

Das Potenzial eines Haarschnitts als Heilbehandlung kann sich am besten in einer geschützten Umgebung, wie sie für Therapie, Körperarbeit und Massagen selbstverständlich ist, entfalten. Wir und der Haarschnitt sind von unserer Umgebung leicht beeinflussbar. Die Atmosphäre eines Salons kann steril, laut, künstlerisch, inspirierend, entspannend, freundlich, modern, cool und elegant sein. Erforschen Sie die Salons in Ihrer Nachbarschaft. Manchmal hat ein Tapetenwechsel einen positiven Effekt auf Sie und Ihre Frisur.

Stellen Sie sich Ihr ideales Haarschneideerlebnis vor

Manche Menschen sind sehr wählerisch, wenn es darum geht, jemandem ihre Haare anzuvertrauen. Andere fürchten, dass der Friseur die Haare nicht so schneiden wird, wie sie es möchten.

TIPP *Wenn Sie negative Erfahrungen beim Friseur hatten, lassen Sie diese los, indem Sie allen Beteiligten, auch sich* *selbst, verzeihen. Wenn dieses Loslassen und Vergeben nicht stattfindet, erhöht sich die Wahrscheinlichkeit, dass das Erlebnis sich auf ähnliche Weise wiederholt. Der alte Ballast kann dem Erfolg einer Begegnung im Wege stehen. Als Friseur spürt man intuitiv, ob ein Haarkunde mit einer komplizierten Haarvergangenheit vor einem steht oder relativ frei im Hier und Jetzt einen neuen Haarschnitt braucht.*

Besonders für die unter uns, die seit Jahren nicht mehr beim Friseur waren, für die, die stillschweigend ihnen unangenehme Behandlungen erdulden, für die Friseure, die einen Haarschnitt schnell mal zwischendurch von der Kollegin erhalten und für alle, die ihr Haarschneideerlebnis verbessern möchten, ist es hilfreich, das ideale Haarschneideerlebnis zu beschreiben, um das gewünschte Ziel zu erreichen. Seien Sie so genau wie möglich. Wenn Sie wissen, was Sie wollen, werden Sie es mit erhöhter Wahrscheinlichkeit erhalten. Hier ein Beispiel:

Ich betrete einen ruhigen, friedlichen Salon. Es duftet sauber, belebend und nach frischen Blumen. Sanfte Musik spielt im Hintergrund. Die Friseurin hat alles vorbereitet und ihr letzter Kunde ist gegangen. Sie kommt auf mich zu, reicht mir die Hand und wir gehen zusammen in den privaten Haarschneideraum. Sie fragt mich, was ich mit meinen Haaren gemacht haben möchte. Ich teile ihr meine Vorstellungen mit und sie hat ein paar Ideen. Dann wiederholt sie, was wir beide ausgemacht haben. Während sie meine Haare schweigend schneidet, genieße ich die Berührung und spüre ihre Konzentration. Ich fühle mich sicher und gut aufgehoben. Ich fange an, mich leichter zu fühlen, und entspanne mich. Das Haarewaschen erfrischt. Bevor die Friseurin weiterarbeitet, erkundigt sie sich, ob sich die vereinbarte Haarlänge und die gewünschte Form noch richtig anfühlen. Als sie mit dem Schneiden fertig ist, tröpfelt sie ein Aromatherapieöl auf meine Kopfhaut und massiert ein paar Minuten lang meine Schultern, den Nacken und die Kopfhaut. Dann lässt sie mich mein Haar von allen Seiten im Spiegel ansehen. Das Haar sieht super aus und fühlt sich gut an. Ich bin von dem Haarschnitt begeistert. Die Friseurin begleitet mich zum Ausgang.

Vertiefen Sie Ihr Haarschneideerlebnis, indem Sie ihm eine Bedeutung geben. Jeder Haarschnitt schenkt uns die Gelegenheit, etwas Altes loszulassen. Das Haar und was immer auch daran hängen mag, verlässt vollständig unser energetisches und körperliches System. Wenn die Haare gewaschen werden, taucht das neue »Selbst« auf. Wählen Sie eine Bedeutung oder erfinden Sie Ihre eigene:

- Neuanfangshaarschnitt
- Noch-schöner-sein-Haarschnitt
- Mehr-Energie-Haarschnitt
- Optimale Gesundung
- Freiheitshaarschnitt
- Haarheilungsritual
- Loslassen-Haarschnitt
- Mondzyklus-Haarschnitt

Ganzheitliches Haareschneiden

Im Zuge der ganzheitlichen Orientierung der westlichen Welt finden wir mittlerweile Salons, die nach den Gesetzen des Feng Shuis harmonisiert wurden, bekommen Haarschnitte, die an besonders günstigen Mondtagen ausgeführt werden, und begegnen dem Friseur als informellem Therapeuten. Doch ist damit das Potenzial unserer Haare und der Art, wie sie geschnitten werden, lange nicht abgedeckt.

Im Jahr 1987 traf ich Mercury Yount, einen ganzheitlich arbeitenden Friseur aus Amerika. Mercury wurde spontan und scheinbar unbeabsichtigt zu seiner Berufung geführt. In den 1970er Jahren reiste er als Kunststudent durch Zentral- und Südamerika. Aufgrund seiner langen Haare durfte er eine Grenze nicht überqueren, also schnitt er sie sich kurzerhand ab. Seine Freunde fanden das Ergebnis so gut, dass sie ihn baten, ihnen auch die Haare zu schneiden. Innerhalb der nächsten zwei Monate schnitt er zweihundert Menschen die Haare. Zu seiner Überraschung erlebte er, dass die Menschen hinterher fröhlicher waren, dass immer mehr Energie im Raum war sich die Auren aufhellten.

In den nächsten 20 Jahren studierte er die Gesetze, die das Haarwachstum und die Schwerkraft beeinflussen. Er reiste um die Welt und verfeinerte das so genannte Hair Balancing, ein ganzheitliches Haarschneidesystem. Um die Effekte von Hair Balancing zu demonstrieren, führte er an verschiedenen Universitäten wissenschaftliche Untersuchungen durch. Mithilfe der Kirlian-Fotografie, elektronischen Messgeräten, die die elektromagnetische Frequenz dokumentieren konnten, Hör-, Seh- und Intelligenztests konnte er beweisen, dass Hair Balancing im Vergleich zu einem herkömmlichen Haarschnitt die Testresultate signifikant erhöhte. Es wurde die Schlussfolgerung gezogen, dass ein Hair-Balancing-Haarschnitt acht bis zwölf Akupunkturbehandlungen entspricht.

Stellen Sie sich den Kopf eines Neugeborenen oder einen kahlen Kopf vor. In diesem ultimativen Zustand des Gleichgewichts sind alle Haare gleichlang und beginnen, in ihrem normalen Zyklus zu wachsen. Der Prozess des Hair Balancings versucht, dieses gleiche Empfinden von Freiheit, Leichtigkeit und Harmonie für jede Haarlänge zu erzielen. Die Haare werden in ein Gleichgewicht gebracht, indem sie gleichmäßig geschnitten werden.

Jedes Mal, wenn eine Person einen Haarschnitt erhält, wird das gesamte Wesen und energetische System beeinflusst und auf positive oder negative, bewusste oder unbewusste Weise verändert. Die Hair-Balancing-Technik entspannt, verändert oder bringt den Energiefluss in ein Gleichgewicht, unter der Berücksichtigung, dass jede Bewegung, jedes Gefühl und jeder Gedanke einen Einfluss haben. Was immer wir in unsere Haare hineingeben, sichtbare Produkte oder unsichtbare Berührungen und Gedanken, zeigt sich auch äußerlich.

Die Hair-Balancing-Haarschneidetechnik basiert auf der »Sacred Geometry« (heilige Geometrie) und auf dem Wissen um die subtilen Energiesysteme des Körpers, die die Aura, die Chakren, die Meridiane und Akupunkturpunkte mit einbeziehen. Die konzentrierte Kraft der Schere entspricht der Akupunkturnadel und stimuliert spezifische Akupunkturpunkte auf gründliche und rhythmische Weise. Die allgemeine Energie eines Menschen kann ausgeglichen, blockiert, schwach, exzessiv oder unausgewogen verteilt sein. Wenn mit den Haaren gearbeitet wird, kann Energie freigesetzt, gleichmäßig verteilt oder angeregt werden.

Beim Schneiden hat die Art, wie die Haare hochgezogen werden, einen mehr oder weniger subtilen Effekt auf die Schädelknochen, die Muskelfasern und Kopfhautreflexzonen. Die Bewegungen beim Hair Balancing sind präzise und sanft. Mithilfe von angewandter Kinesiologie kann demonstriert werden, dass aggressives und unregelmäßiges Haareschneiden die Person schwächen, während harmonische Tai-Chi-Schneidebewegungen das Energiesystem stärken.

Der Unterschied zwischen Hair Balancing und anderen Haarschneidesystemen ist der Unterschied zwischen Geometrie und heiliger Geometrie. Heilige Geometrie ist angewandte Mathematik und Architektur, die stärkende, harmonisierende und energetisierende Räume und Strukturen hervorbringt. Einige der besten Beispiele heiliger Geometrie sind die ägyptischen Pyramiden, Tempel und Kirchen, Stonehenge, Buckminster Fullers Geodesischer Dom, Labyrinthe und die Blume des Lebens. Experimente zeigen, dass organisches oder anorganisches Material, das unter geometrische Formen platziert wird, zum Beispiel unter eine Pyramide, energetisiert wird, länger scharf bleibt (Messer oder Scheren) und nicht so schnell verwest (Früchte) wie die Materialien, die einfach nur auf einer Oberfläche ohne geometrische Struktur gelagert werden. Ohne Schwerkraft würden sich unsere Haare um unseren Kopf wie ein Heiligenschein in alle Richtungen ausbreiten. Nach einem Hair-Balancing-Haarschnitt würde das Haar im schwerelosen Raum nicht wie eine Pyramide oder ein Dom aussehen, aber schon wie eine in sich geschlossene geometrische Form, die energetisch einen stärkenden Effekt hat.

Hoch entwickelte Kulturen wie die der Inkas, der Ägypter und der Griechen richteten sich bei ihrer Frisurengestaltung nach den Prinzipien der Architektur. Die Ägypter haben ihre eigenen Haare sowie Perücken sehr geradlinig und dreieckig wie ihre Pyramiden geformt getragen. Afrikanische Stämme, die ihre Hütten aus Ton und Stroh formen, geben die gleichen Materialien als Schmuck in ihr Haar. Heutzutage gibt es eine Vielfalt an architektonischen Stilen, die in einer interessanten Korrelation zu der Frisurenvielfalt betrachtet werden kann. Menschen, die auf dem Land leben, tragen ihre Haare eher natürlich, sprich unbehandelt, während Stadtbewohner eher dazu neigen, ihre Haare zu färben und chemisch behandeln zu lassen. Hair Balancing benutzt das Haar selbst, um eine Art Dach zu bauen, das schützt, die Energie bewahrt und gleichzeitig Raum für Transformation und Heilung schafft.

Das Begehen eines Labyrinths und die Anwendung der Hair-Balancing-Haarschneidetechnik ähneln sich, da jeweils einem Pfad gefolgt wird, obwohl die verschiedenen Teile des Weges in unterschiedliche Richtungen gehen. Der ausgleichende Effekt des Begehens eines Labyrinths auf die zwei Gehirnhälften, indem ständig von einer Seite zur anderen gegangen wird, ist mit dem Fließen der Lebensenergie durch die Schere zu den Haaren vergleichbar, die sich auch immer von einer zur anderen Kopfseite bewegt. Dem geometrischen Pfad durch das Labyrinth der Haare zu folgen, ist eine Herausforderung. Wenn der Zielpunkt erreicht ist, entstehen mehr Energie, Frieden und Freude. Die Erlebnisse, die Menschen während oder nach dem Begehen eines Labyrinths haben, sind so einmalig und erstaunlich wie die Erfahrungen nach einem Hair Balancing.

Haare und die menschliche Aura

Jede Person und jedes Objekt ist von einem elektromagnetischen Feld umgeben, das durch bestimmte fotografische Methoden sichtbar gemacht oder durch Geräte gemessen werden kann. Die Aura reflektiert den momentanen körperlichen, emotionalen und spirituellen Zustand. Ebenso werden chronische Krankheiten, alte Muster und Erinnerungen widergespiegelt. Die Farben, Formen und Eindrücke der menschlichen Aura variieren von Mensch zu Mensch. Das Haar funktioniert als Brücke zwischen unserem physiologischen und elektromagnetischen Körper. Es streckt sich gleichsam um unsere Körperoberfläche in das unsichtbare Feld aus. Wenn das Haar gesund und ausgewogen ist, stärkt und erweitert es die Aura. Wenn Haare fehlen, geht die Körperenergie direkt in das den Körper umgebende Feld oder wird vom ätherischen Haar gehalten.

Der Prozess des Hair Balancings stärkt die Aura, indem die präzisen Schneidelinien die Energie um den Kopf herum halten und dann bei Vollendung der Frisur entlassen. Unpräzises und unsanft ausgeführtes Schneiden schwächt das Feld der Aura,

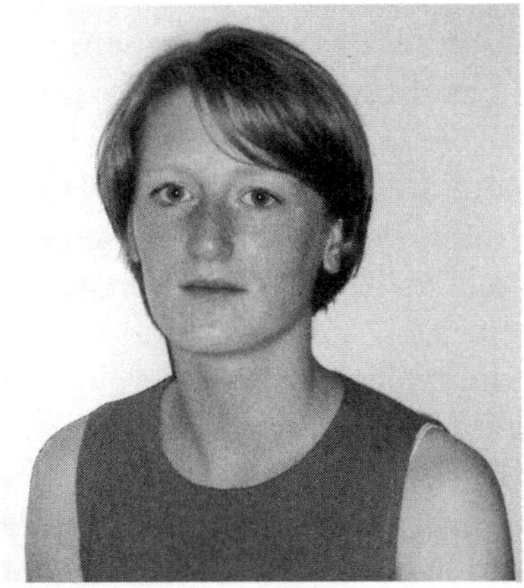

Vor dem Hair-Balancing

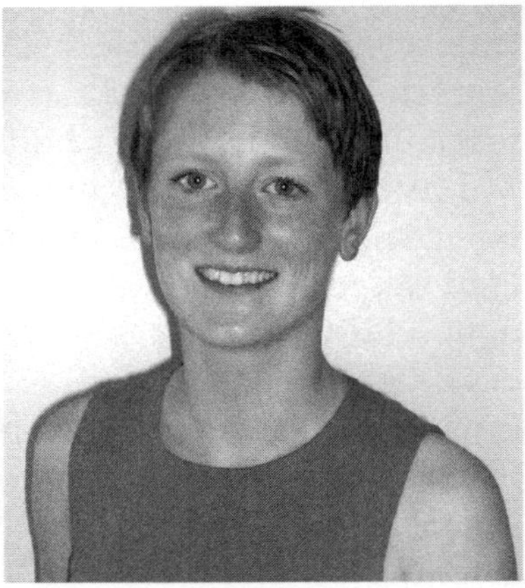

Nach dem Hair-Balancing

weil Brüche, Löcher und unregelmäßige Muster entstehen. Kirlian-Fotografien von den Händen und Füßen vor und nach einem Hair Balancing zeigen, dass die elektromagnetischen Strahlen klarer sind und nicht abbrechen. Kunden haben dieses Phänomen als Kraftschub erlebt.

Haareschneiden kann einen reinigenden Effekt auf die Aura haben. Die Haare sind wie eine Chronik und einen Teil der Haare loszulassen, bedeutet, etwas loslassen, das vor ein paar Monaten oder Jahren passiert ist, als der Teil der Haare, der nun abgeschnitten wird, entstand. Aber der Prozess des Loslassens kann auch mit etwas zusammenhängen, das zu einem anderen Zeitraum an das Haar gebunden wurde und der Person nicht länger dient.

TIPP *Stellen Sie sich vor, dass weißes Licht durch die Arme, Hände und Schere des Friseurs fließt, Ihre Haarspitzen versiegelt und damit Ihre Aura stärkt. Diese lichtvolle Versiegelung wird besonders von Kunden geschätzt, die das Gefühl haben, unerwünschte Energien durch ihre Haare zu absorbieren. Dieser Lichtschutz lässt nur höhere Frequenzen durch.*

Ätherisches Haar ist die energetische Erweiterung der Haare und reicht in die Aura hinein. Wenn ich mit Menschen arbeite, die dünnes Haar oder Kahlstellen haben, unterbreche ich das Haareschneiden über diesen Stellen nicht, sondern tue so, als ob dort Haare vorhanden sind. Gerade diese Bereiche brauchen Energie. Oft fühlen sich Kahlstellen steif und schwach an. Das Visualisieren von ätherischem Haar verändert die Gefühle gegenüber dem Haar und seinem allgemeinen Zustand. Es energetisiert und entspannt die Kopfhaut, die sich mit dieser Vorstellung weniger verletzbar und kahl anfühlt.

Während des Haareschneidens öffnet sich manchmal der Schleier der Haare vor meinen Augen, wie die Vorhänge einer Bühne, auf der Szenen aus dem Leben des Behandelten gespielt werden. Ich sehe Menschen, Orte, fühle Stimmungen und höre Worte. Ich sehe, wie und wo der Kunde lebt und was er denkt, verschiedene Haarschnitte, Geburtsszenen, Unfälle, Traumata und sogar Bilder aus der Zukunft. Während ich schneide und kämme, lösen sich diese Bilder auf. Ich habe auch gesehen, wie Schatten, Risse, Löcher im körperlichen Feld und der Aura ausgeglichen wurden und wie sich der Fluss der Lebensenergie änderte.

Die therapeutischen Möglichkeiten des bewussten Haareschneidens reichen vom Ausgleichen des Energiehaushalts bis zu tiefen Transformationen. Manche Kunden erleben einen Rebirthing-Prozess. Die Rebirthing-Therapie ermöglicht Menschen, mithilfe von Atemtechniken zu dem Zeitpunkt ihrer Geburt zurückzukehren. Glaubenssysteme, Gedanken und Verhaltensmuster, die unser Potenzial limitieren, können verändert werden. Die Reinkarnationstherapie ist eine weitere alternative Therapie, die befreiend und erhebend wirkt.

In den folgenden Abschnitten über die einzelnen Chakren gebe ich ein paar Beispiele von Verletzungen, die Kunden im Kontext vergangener Leben mit ihren Haaren in Verbindung gebracht haben. Dieses soll unser Bewusstsein dafür erweitern, was alles in den Haaren festhängen kann. Was das Thema Reinkarnation betrifft und ob man daran glaubt oder nicht, so denke ich, dass es letztendlich unwichtig ist, ob Sie oder ich vor ein paar hundert Jahren in Schottland oder Ägypten gelebt haben oder nicht. Entscheidend ist, dass wir mit den Bildern unserer Seele in Berührung kommen und dadurch ein belastendes Gefühl transformieren, ein einschränkendes Verhaltensmuster in unserem Alltag entlarven und unsere Bestimmung finden können. Reinkarnationstherapie und Hypnose können unseren Weg klären helfen. Unsere Erkenntnisse und Fantasien bezüglich vergangener Leben können Licht auf einen Konflikt werfen oder ein Talent entdecken, das uns vorher nicht bewusst war. Von der Reinkarnationstheorie ausgehend treffen sich auch Friseure und Kunden aller Wahrscheinlichkeit nach nicht zum ersten Mal. Mir macht es gelegentlich Spaß, meine Beziehungen zu anderen Menschen und auch Haarkunden im Hinblick auf mögliche vergangene Leben hin zu interpretieren. Vielleicht war ich in den römischen Bädern tätig, habe in Ägypten Perücken geflochten und mit Kristallen und Haaren in Atlantis experimentiert. Als ich zum ersten Mal einer hellsichtigen Freundin mit meinem Rosenquarzkamm die Haare kämmte, sah sie uns auf einer polynesischen Insel. Jahre später, als ich auf Hawaii lebte, kam sie mich besuchen und ich schnitt ihre Haare. In diesem Moment verschmolzen Vergangenheit und Gegenwart!

Samsons Haare und was Delilah wirklich getan hat

Samsons Haare werden immer wieder erwähnt und die meisten Menschen schließen aus dieser Geschichte aus dem Alten Testament, dass der Verlust der Haare Kraftverlust bedeutet. Ein erzwungener Haarschnitt ist ein gewaltvoller Akt, der den Menschen schwächt. Aber ein Haarschnitt an sich, wenn freiwillig gewählt, kann auch befreiend und stärkend sein.

Gemäß der Erzählung war Samsons Haar ein Symbol seiner Stärke und eines Tages schnitt Delilah, die von seinen Feinden beauftragt wurde, es ab. Doch hat sie wirklich all sein Haar abgeschnitten? Wenn es wirklich so lang und voll war, hätte es eine Weile gedauert und Samson wäre sicherlich aufgewacht. Der Text besagt, dass sie sieben Locken abschnitt. Von daher wäre eine mögliche Interpretation, dass sie siebenmal in sein Energiefeld stach und seine sieben Hauptchakren manipulierte. Vielleicht kannte sich Delilah mit Energien aus. Als das Haar wieder nachwuchs und die Chakren wieder im Gleichgewicht waren, kehrte Samsons Kraft zurück.

Ungeschnittenes Haar besitzt eine seltene Kraft, die aus der Wildheit und Reinheit des unberührten Haars strömt. Ein Baum wächst in eine bestimmte Form, genau wie die Locken eines Kindes, die nie mit Metall in Berührung kamen oder gegen ihren Willen in ein bestimmtes Muster gedrängt wurden. Pythagoras, der große griechische Mathematiker, glaubte, dass Haare ein Produkt des Gehirns seien, und wenn man sie schneidet, würde man die intellektuelle Kapazität schädigen. Manche Menschen sind davon überzeugt, dass sie Kraft verlieren würden, wenn ihre Haare abgeschnitten würden. Ich denke, dass würde auch so sein, denn kraftvoller als der mögliche Haarschnitt sind die Gedanken. Es geht darum, die eigene Kraft bezüglich der Haare zu finden.

Indische Sikhs schneiden ihre Haare nie und tragen sie zu einer Spirale gebunden unter einem Turban. Die yogische Weisheit hinter diesem Brauch besagt, dass die Haare eines Menschen bis zu einer bestimmten Länge wachsen. Dann hört der Körper auf, weitere Haare zu produzieren, und das Gehirn benutzt das Protein und die Spurenelemente für erweiterte mentale Aktivitäten, besonders für die Meditation.

Menschen schneiden ihre eigenen Haare, weil sie sie nicht von jemand anderem geschnitten haben möchten und den kreativen Prozess genießen. Andere greifen nach der Schere in Verzweiflung, als Ausdruck einer Rebellion oder als persönliches Statement der Befreiung. Dieser Akt wird oft von Selbstbestätigung und Entschlossenheit begleitet. Wir übernehmen endlich Kontrolle über einen Aspekt unseres Körpers und Wesens. Ein Kunde kam und erklärte, dass er einfach ganz plötzlich seine langen Haare abschneiden musste. Für ihn repräsentierte diese Tat das Abschneiden von Fäden und Verwicklungen, denen er anhaftete und die ihn in seiner Entwicklung einschränkten. Ich schnitt seine Haare nur ein bisschen gleichmäßiger, änderte sonst nichts. Es war sein Haarschnitt!

Generell werden Sie bessere Resultate beim Schneiden Ihrer Haare erzielen, wenn Sie nicht spontan handeln. Planen Sie selbst das Ponyschneiden erst am nächsten Tag ein und nehmen Sie sich Zeit, um sich zu konzentrieren. Schneiden Sie Ihre Haare nicht fünf Minuten, bevor Sie auf eine Party gehen. Schneiden Sie Ihre Haare nicht zum ersten Mal, wenn die Haare nass sind. Glatte Haare ziehen sich beim Trocknen hoch und lockige Haare reichen bis in den Himmel!

Haare und das Chakrensystem

Chakra bedeutet »sich bewegendes Rad«. Ein Chakra ist ein psychoenergetischer Punkt des menschlichen Körpers und kann spontan oder mit Übung wahrgenommen, gesehen und gefühlt werden. Die Hauptchakren sind das Wurzelchakra, das Unterleibschakra, das Nabelchakra, der Solarplexus, das Herzchakra, das Kehlkopfchakra, das dritte Auge und das Kronenchakra. Jedes Chakra hat unterschiedliche Funktionen und steht in Beziehung zu bestimmten Organen, Emotionen, Farben und Klängen. Weitere Chakren befinden sich in den Handflächen, den Fußsohlen, den Knien und den Ellenbogen. Über unserem Körper liegen die höheren Aura-Chakren und unter uns die Erdchakren.

Der Vorgang des Haareschneidens sowie die fertige Frisur, durch Hair Balancing oder andere Haarschneidetechniken kreiert, beeinflussen immer das gesamte Chakrenystem. Das Kronenchakra, das dritte Auge und das Kehlkopfchakra werden beim Haareschneiden berührt. Bei sehr langen Haaren werden auch das Herz-, Nabel-, Unterleibs- und Wurzelchakra direkt berührt. Jedes Chakra hängt mit einer der verschiedenen Haararten unseres Körpers zusammen. Die Kopfchakren gehören zum Haupthaar. Barthaare wachsen um den Mund herum und gehören zum Kehlkopfchakra. Die Achselbehaarung hängt mit dem Herzchakra zusammen, die Schamhaare mit dem Unterleibschakra und Beinhaare mit dem Wurzelchakra.

Kronenchakra (Scheitelchakra)

Das Kronenchakra befindet sich ungefähr am höchsten Punkt des Kopfes, in der Nähe des wesentlichsten Teils unseres Körpers, dem Gehirn. Die ihm zugeordnete Drüse ist die Zirbeldrüse. Es schwebt über der Fontanelle, dem weichen Punkt, der bei Neugeborenen manchmal noch ganz offen ist und der sich schließt, wenn wir wachsen.

Die meisten Menschen werden mit dem Kopf voran geboren. Die Mutter presst das Baby durch den Geburtskanal und der Kopf erlebt ungeheuren Druck. Manchmal wenn ich Kunden die Haare gewaschen habe, habe ich ihre Geburt vor mir gesehen. In traumatischen Fällen, wenn Greifzangen oder andere aggres-

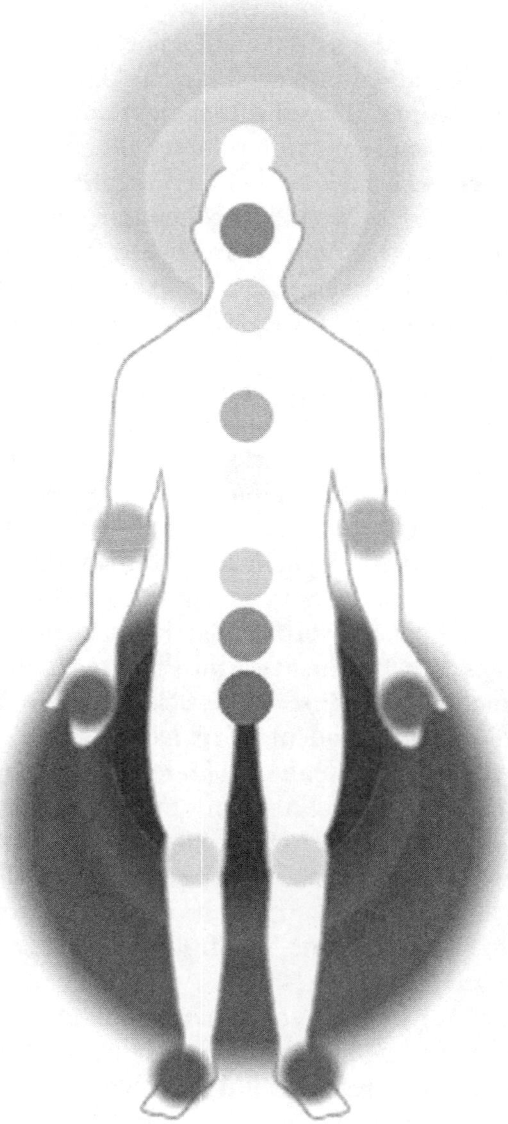

Chakrensystem des Körpers

sive Methoden dem Baby hinaushalfen, war der visuelle Eindruck erstaunlich klar.

Die Philosophie und Praxis des Yogas lehrt uns, dass die Kundalini-Energie vom Wurzelchakra bis zum Kronenchakra fließt und letztendlich die Person zur Erleuchtung führt. Die Haare werden in vielen Kulturen als Antennen betrachtet, besonders in Indien. Yogis platzieren ihre gebündelten Haare auf der höchsten Stelle ihres Kopfes. Dieses stärkt nicht nur die Konzentrationsfähigkeit, sondern unterstützt den Aufstieg der Kundalini-Energie. Die Haare helfen diesem Prozess, indem sie Energie transportieren. Wenn Haare gebündelt werden, konzentriert sich die Energie. Wenn Haare zu straff zusammengebunden werden, wird der Energiefluss unterbrochen. Ungebundene Haare helfen beim Loslassen, zum Beispiel beim Tanzen. Probieren Sie einmal aus, wie sich Ihre Haare anfühlen, wenn sie an verschiedenen Stellen zusammengebunden sind.

Haare haben drei energetische Funktionen. Sie absorbieren, geben ab und speichern Energie. Haare sind ein Leiter für Energie und haben aktive Verbindungen zu anderen Teilen unserer physiologischen und subtilen Körper. Auf physischer Ebene wird der Haarschaft vom Sonnenlicht ausgeblichen und die Kopfhaut und Haut absorbieren das Sonnenlicht und produzieren Vitamin D. Auf subtiler Ebene absorbiert das Haar Energie von außen. Manche Menschen fühlen, dass ihre Haare Energien aus der Umwelt aufnehmen, genauso wie es Staub aus dem Umfeld auffängt. Haare ziehen an, indem sie anziehend auf andere wirken. Können trockene und gespaltene Haare Energie leiten?

Wir können Haare als Einheit aus tausenden von individuellen Haaren betrachten oder wir können uns ein einzelnes Haar ansehen. Zweifellos liegt etwas Heiliges und Kostbares im ungeschnittenen Haar, das ein paar abgebrochene Enden transzendieren kann. Doch der moderne Yogi fühlt sich vielleicht durch das Ausgleichen seiner Haare gestärkt.

Haare strahlen Energie von innen nach außen. Psychologische Studien haben gezeigt, dass wir Menschen zuerst anhand ihrer Augen und zweitens anhand ihrer Haare wiedererkennen oder erinnern. Langes, volles Haar, bestimmte Farben, ungewöhnliche Frisuren bewirken, dass wir uns auf der Straße umdrehen. Haare senden Botschaften hinsichtlich der Persönlichkeit eines Menschen, seines Geschmackes, Status und Glaubenssystems aus. Haare sprechen mit der Welt.

Haare speichern Energie als Information. Auf körperlicher Ebene lagern Haare Proteine, Mineralien und Spurenelemente ein. Auf feinstofflicher Ebene werden Erlebnisse festgehalten.

Was das Haareschneiden betrifft, ist es entscheidend, darauf zu achten, was während des Prozesses in das Kronenchakra hineinfließt. Die Gedanken, Gefühle und Absichten des Friseurs sind immer gegenwärtig. Idealerweise ist der spirituelle Fokus eines Haarschnitts Heilung, Reinigung, Öffnung und Schutz des Kronenchakras. Eine weitere Aufgabe besteht darin, die Energie vom Nacken zum Kronenchakra zu leiten und es mit den anderen Chakren zu verbinden. Die höheren Aura-Chakren sollten auch berücksichtig werden. Ihre Öffnung und Energetisierung kann die Wahrnehmungsfähigkeit verbessern. Traumata, die zum Kopfbereich und zum Kronenchakra gehören, sind Verletzungen, Gewaltanwendungen, Tumore, Operationen, Haartransplantationen und möglicherweise Skalpierungen aus vergangenen Leben.

Stirnchakra

Das dritte Auge befindet sich in der Mitte der Stirn. Chakren sind Kraftzentren mit einem körperlichen »Anker«(einer Drüse oder einem Organ), der im Körperinnern liegt, und strahlen in alle Richtungen von innen nach außen. Das dritte Auge kann in alle Richtungen blicken. Ein Mensch mit einem offenen dritten Auge gilt als hellsichtig. Die Hypophyse, die sich im Zentrum unseres Gehirns befindet, gehört zum dritten Auge. Sie reguliert die biochemischen und hormonellen Prozesse unseres physischen und emotionalen Körpers. Wenn die Hypophyse zum Beispiel durch Meditation stimuliert oder harmonisiert wird, trägt dieses zur Steigerung von Intuition, Bewusstsein, Konzentration und geistiger Klarheit bei.

Das dritte Auge hängt mit telepathischen Fähigkeiten zusammen, mit dem Sehen und Fühlen, was hinter uns, um uns und vor uns liegt. Die Vergangenheit, die Zukunft und parallele Realitäten werden mithilfe des dritten Auges wahrgenommen. Das Haupthaar gehört zum Kronenchakra und dem Stirnchakra, Ponyhaare, Augenwimpern und Augenbrauen vor allem zum letzteren.

Ein voller Pony bedeckt das Stirnchakra, während Ponyfransen genug Licht durchlassen, das die Hypophyse stimulieren kann. Das dritte Auge repräsentiert die metaphysische Kommunikationsebene, die Meta-Kommunikation. Unsere Körpersprache ist hingegen oft die Sprache unseres Unbewussten. Für erfolgreiche Kommunikation, emotionales Verbinden und angewandte Intuition scheint es günstiger zu sein, wenn die Stirn nicht vollständig bedeckt ist. Ein neugeborenes Baby kann mit seinen Augen noch nicht richtig fokussieren, ist aber in der Lage, die Aura seiner Eltern wahrzunehmen. Es nimmt Kontakt über die dritten Augen der Eltern auf. Wenn ich mit anderen Menschen kommuniziere und mein Bewusstsein auf das dritte Auge lenke, fühlt es sich so an, als ob unsere dritten Augen sich anschauen. Das soll nicht heißen, dass Ponyhaare immer schlecht sind. Sie können zum Beispiel vor einer Überstimulierung der Hypophyse schützen.

Einige meiner Kunden haben nach einem Hair Balancing gesteigerte Intuition und hellsichtiges Bewusstsein erlebt. Die Verbesserung der Sehfähigkeit ist ein anderes mögliches positives Resultat. Es hat mit dem gesteigerten Energiefluss zu tun, der durch die Meridiane fließt, der Entspannung, die das Empfangen eines Haarschnitts mit sich bringt, und der Klärung der Aura im Kopfbereich. Einige Kunden haben sogar schon ihre Brillen bei mir vergessen.

Kehlkopfchakra

Das Kehlkopfchakra steht für Kommunikation und Selbstausdruck und wird der Schilddrüse zugeordnet. Nackenhaare, Barthaare und der untere Teil der Kopfhaare gehören zum Kehlkopfchakra. Das Kehlkopfchakra verbindet den Rumpf mit dem Kopf.

Der Kopf eines Neugeborenen ist im Vergleich zu einem ausgewachsenen Menschen proportional größer als der Rest des Körpers. Ein Neugeborenes kann seinen Kopf nicht allein aufrecht halten und ist abhängig von den Eltern, die den Kopf vorsichtig halten, wenn das Baby getragen wird. Wenn der Kopf ungünstig gehalten wird, können Würgegefühle, Atemnot, Wut, Angst und Hilflosigkeit entstehen und in dem Muskelgewebe des Nackens gespeichert werden. Wenn der Kopf richtig gehalten und sanft bewegt wird, wird das Gegenteil erlebt: das entspannende Gefühl des Einsseins, der Trance, des Vertrauens.

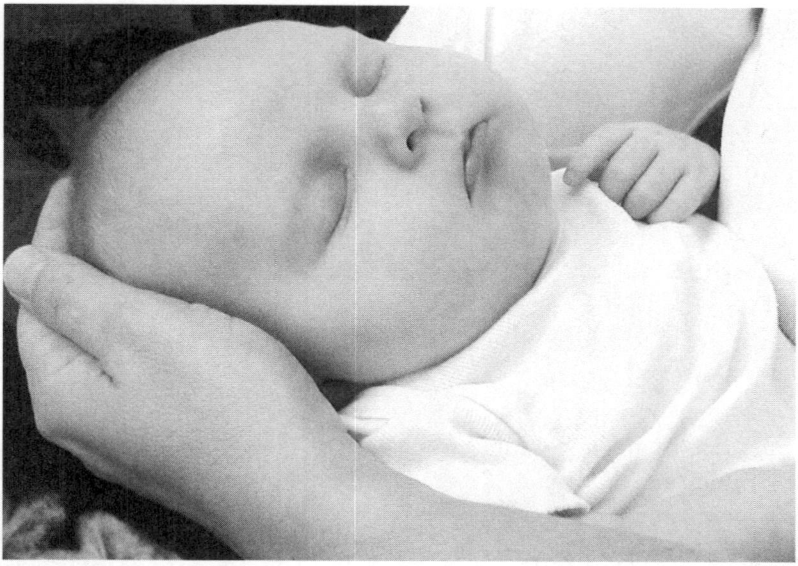

Ein Baby richtig halten

Nackenschmerzen und Verspannungen blockieren den Energiefluss zwischen Kopf und Körper. Der Haarschneideprozess mit seinen entspannenden, streichelnden Bewegungen kann die Verbindung begünstigen. Manche Menschen sind besonders im Nackenbereich sehr empfindlich. Ein Kurzhaarschnitt kreiert entweder ein freies oder verletzbares Körpergefühl im Nackenbereich. Haare halten Hals und Nacken warm und kälteempfindliche Menschen sollten sich ihre Haare besser im Frühling oder Sommer kurz schneiden lassen.

Traumata aus vergangenen Leben, die im Zusammenhang mit dem Kehlkopfchakra von Kunden erwähnt wurden, sind Tod durch Erhängen, Köpfen, Würgen und Ersticken. Manche von diesen Kunden erzählten mir vorab, dass sie Angst vor Haarschnitten haben. Das Haar einer Kundin reichte bis zu ihrem Po, weil sie Haareschneiden vermied. Sie fand heraus, dass sie eine Assoziation zwischen Haareschneiden und Tod geknüpft hatte, nachdem sie ein vergangenes Leben erinnerte, das mit der Guillotine endete.

Bärte können auf nonverbale Art viel über ihren Besitzer kommunizieren. Genau wie die Wimpern Mini-Antennen des dritten Auges sind, so sind die Barthaare Auswüchse des Kehl-

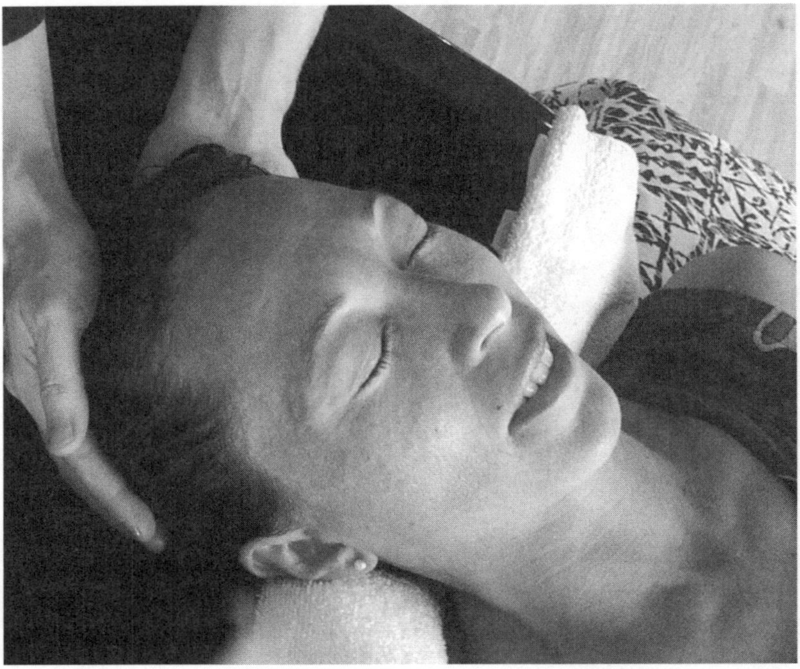

Den Kopf sanft halten

kopfchakras. Yogameister Yogi Bhajan erklärt, dass das Tragen eines Bartes die Emotionen eines Mannes ausgleicht. Barthaare speichern die Energie der Sonne und Gefühle werden vom Mond regiert. Auch Bärte können ins Gleichgewicht gebracht werden. Am einfachsten ist es natürlich, die Barthaare abzurasieren und dann wachsen zu lassen.

Herzchakra

Das Herzchakra befindet sich in der Mitte des Brustkorbs und gehört zu der Thymusdrüse. Es wird nur direkt berührt, wenn die Haare dementsprechend lang sind. Chakren sind Kreise aus sich drehender Energie. Haarschneidebewegungen sind gerade. Sanft und runder ausgeführt entsprechen sie eher der Drehung der Chakren.

Die Achselbehaarung gehört zum Herzzentrum. Achselbehaarung und Körperbehaarung sind durch die Nervenenden mit dem Gleichgewichtssinn verbunden und transportieren Informationen, wenn wir uns bewegen.

Solarplexus-Chakra

Der Solarplexus befindet sich in einer Körpermulde unter dem Herzzentrum. Er kann unser verwundbarster Punkt sein, denn dort lagern wir viele unserer emotionalen Erfahrungen und Verletzungen. Achten Sie beim Empfangen eines Haarschnitts darauf, dass Sie den Solarplexus nicht durch eine geknickte Körperhaltung eindrücken. Der Solarplexus sollte nach außen scheinen können wie die Sonne.

Nabelchakra

Das Nabelchakra befindet sich etwas über unserem Nabel außerhalb des Verdauungssystems. Es ist unser Kraftzentrum. Der Nabel verbindet uns mit unserer Mutter und ist immer noch eine Öffnung ins Innere. Das Nabelchakra regiert unzählige Körperfunktionen.

Das Nabelchakra wird den Verdauungsorganen zugeordnet. Hair Balancing hilft diesem Bereich, indem die Meridiane energetisch gereinigt werden.

Unterleibschakra

Das Unterleibschakra befindet sich über den Genitalien. Seine Drüsen sind die Nebennieren und die entsprechenden Organe die Blase und die Nieren.

Die Schamhaare dienen als Schutzkissen beim Geschlechtsverkehr. Auf energetischer Ebene kreieren die Haare der Liebespartner ein elektrisches Feld.

Wenn eine Person sexuell missbraucht wurde, kann das Abschneiden oder Rasieren der Schamhaare ein heilendes Ritual sein, um sich von der gewalttätigen Energie zu befreien. Auch wenn eine Beziehung endet, kann so die Trennung ausgedrückt werden. Den Genitalbereich rasiert zu sehen, kann allerdings Gefühle auslösen, die einen unweigerlich an die präpubertäre Phase erinnern. Tatsächlich rasieren sich Frauen und Männer zunehmend ihre Schamhaare. Doch Trends ändern sich. Wenn eine Frau vor der Entbindung oder einer Operation steht, sollte sie erwägen, ihre Haare nicht abrasieren zu lassen. Die Haare haben auf subtile Weise Einfluss und helfen, das Unterleibschakra zu aktivieren. Im Alter wächst die Schambehaarung oft grau und dünner nach. Die Rasur oder ein kurzer Schnitt verzögern den Effekt des Ausdünnens.

Wurzelchakra

Das Wurzelchakra liegt zwischen den Genitalien und dem Anus. Es wird der Beinbehaarung zugeordnet und ist unsere direkte Verbindung zur Erde. Zusammen mit den zwei Chakren unter den Fußsohlen empfiehlt sich eine Stehmeditation, bei der man den Kontakt zur Erde bewusst wahrnimmt. Jedes Haar hat eine Wurzel und Haare als Thema bringen uns unseren ethnischen, kulturellen und spirituellen Wurzeln näher.

Nach dem Haarschnitt sollten wir unsere Aufmerksamkeit der Kraft des Wurzelchakras schenken, um geerdet den Salon zu verlassen.

Schönes Haar – strahlendes Selbst

In diesem Kapitel finden Sie die inneren Mittel, welche die Schönheit der Haare, des Selbst und damit Ihres Lebens intensivieren. Wir schauen uns die wesentlichen Eigenschaften attraktiver Haare an und wie Sie diese auf harmonische Weise zu einem Image integrieren, das Sie im besten Licht zeigt. Wir betrachten Methoden, die unser natürliches Haar verändern, und finden heraus, wie wir einen sexy Haarschnitt bekommen. Ihre Haare sind letztendlich lebendige Kunst!

Schön sein, sich schön fühlen, schön aussehen

Die Aussage »Schönheit liegt im Auge des Betrachters« bezieht sich auf unsere unterschiedlichen Geschmäcker, aber vor allem impliziert sie, dass wir nach Schönheit suchen. Wir können uns den Pickel auf der Stirn angucken oder die schwungvolle Kurve der Haarlinie. In diesem Sinne wird Schönheit zu einer Wahl, einer Einstellung und einem Gefühl, das wir in jedem Moment entwickeln und besitzen können.

Schönheit ist ein geistiger Zustand. Schönheit hat etwas Universelles, das persönliche Vorlieben transzendiert. Schönheit ist genügsam, Schönheit kennt keinen Mangel. Schönheit ist eine spirituelle Qualität, die wir verkörpern und entwickeln können. Wenn wir sagen, dass jemand schön aussieht, meinen wir die äußere Erscheinung. Wenn wir sagen, dass jemand schön ist, beziehen wir uns auf die gesamte Person.

Sie haben das Potenzial, zu jeder Zeit, in jedem Alter und unter allen Umständen schön zu sein, sich schön zu fühlen und schön auszusehen. Die Feen haben nicht vergessen, den Samen der Schönheit in Ihre Krippe zu werfen. Doch manche von uns kämpfen ein Leben lang mit ihrer äußeren Erscheinung. Sie gucken sich resigniert die lange Nase ihres Vaters an und die kurze Stirn der Mutter und fragen sich, warum sie beides abbekommen haben.

Fühlen Sie sich in puncto Aussehen gesegnet oder benachteiligt? Wie oft denken Sie darüber nach? Wem danken Sie und wem geben Sie Schuld? Was haben Ihre Schönheitsmakel Sie gekostet? Was hat Ihre Schönheit Ihnen gebracht?

Schönheitstipps – Juwelen für Ihre Krone

Eine Krone ist ein kostbares Objekt der Schönheit und Macht. Haare werden oft als Krone bezeichnet. Eine energetische Krone, der Heiligenschein, strahlt aus dem Kronenchakra heraus. Wenn Sie folgende Schönheitstipps für Ihre Haare anwenden, fügen Sie Ihrer Krone Juwelen hinzu. Sie werden an Ausstrahlung gewinnen. Ihr Lichtschein wird sichtbar.

Stellen Sie sich vor, Sie erwachen in einem Märchen und sind die Heldin oder der Held. Nach vielen Herausforderungen werden Sie die neue Königin oder der neue König und Sie werden gebeten, Ihre Krone zu entwerfen. Zeichnen Sie Ihre Krone im Geiste oder auf dem Papier.

Ihre transformative Körperliste

Es gibt zu viele Zus, die um die Körper, Köpfe und Haare der Menschen wirbeln. Der Kopf ist zu flach. Die Haare sind zu lockig. Das Gesicht ist zu rund oder zu quadratisch. Und der Haarschnitt muss all das kompensieren. Oft ergeben diese Glaubenssätze überhaupt keinen Sinn. Viele unserer Körperkonzepte werden während der selbstkritischen Teenagerjahre geformt und bleiben bis ins Erwachsenenalter bestehen.

Welchen Körperteil von Ihnen haben andere Menschen kritisiert oder bewundert? Welche Bemerkungen haben Sie sich zu Herzen genommen? Wenn Sie negative Glaubenssätze mit sich herumtragen, ist es an der Zeit, diese zu verändern.
Erstellen Sie Ihre eigene transformative Körperliste und geben Sie jedem schwachen Teil eine neue Bedeutung. Dieser Prozess radiert negative Aussagen über Ihren Körper aus. Hier ein paar Beispiele:

Meine Lippen sind zu dünn.	***Meine Lippen sind sensibel und sinnlich.***
Meine Brüste sind zu groß.	***Meine Brüste haben die perfekte Größe. Sie symbolisieren Fülle, Weiblichkeit und Liebe.***
Mein Nacken ist zu lang.	***Mein Nacken reflektiert die Anmut eines Schwans.***
Meine Nase hat einen Haken.	***Meine Nase ist Ausdruck meiner Einzigartigkeit und symbolisiert Intuition. Ich liebe den Geruch von Blumen.***
Meine Haare sind zu dünn.	***Meine Haare sind sanft wie Seide und repräsentieren meine Zartheit.***

TIPP *Wenn ein bestimmter Teil Ihres Körpers Sie schon seit langem belastet, schenken Sie ihm besondere Aufmerksamkeit. Diese Veränderung kann zur Folge haben, dass andere auf einmal positive Bemerkungen machen. Wenn Sie Komplimente erhalten, atmen Sie diese direkt zu der Stelle Ihres Wesens und Körpers hin, für den sie bestimmt waren. Schenken Sie täglich einem Teil Ihres Körpers Beachtung. Fangen Sie entweder unten mit den Füßen oder oben mit den Haaren an.*

Sprechen Sie liebevoll mit Ihren Haaren und über sie

Wenn Sie Ihre Haare lieben und dieses verbal, als Prozess und als Gemütszustand ausdrücken, werden Ihre Haare immer besser aussehen.

»Ich hasse meine Haare. Meine Haare machen mich verrückt. Ich sehe aus wie ... Ich wünschte ich hätte Haare wie ... Wenn ich doch schönere Haare hätte. Ich kann es nicht fassen, dass ich so furchtbare Haare geerbt habe.« Diese Gedanken und Aussagen schaffen einen Graben zwischen Ihnen und

Ihren Haaren und sabotieren die Realisierung Ihres Schönheitspotenzials.

Verändern Sie die Gedanken über Ihre Haare in positive und liebevolle Aussagen. Ihre Haare zu lieben, bedeutet auch, Ihre Haare liebevoll zu berühren. Es ist offensichtlich, ob eine Frisur kunstvoll, liebevoll, mit Freude oder unter Stress und Ärger gestaltet wurde.

Was ist an Ihren Haaren positiv? Erinnern Sie sich an drei Menschen in Ihrem Leben, die Ihnen ein Kompliment bezüglich Ihrer Haare geschenkt haben.

Der Besuch im inneren und äußeren Schönheitssalon

Verschönerung geschieht von innen und außen. Während wir aufwachsen, lernen die meisten von uns, dass es zwei Orte gibt, die unserer Verschönerung dienen: das Badezimmer und der Friseursalon. Doch gibt es noch andere Plätze, wo wir uns verschönern (lassen) können.

TIPP *Die Natur bietet endlose Varianten von Schönheitssalons, in denen wir Lebensenergie tanken können. Die negativen Ionen eines Wasserfalls oder auch eines Springbrunnens beleben Körper und Seele. Ein Waldspaziergang spendet Sauerstoff und reinigt die Lungen, die Aussicht von einem Berg ist erhebend. Wenn wir uns in der Natur aufhalten, zeigt sich die gesteigerte Durchblutung in unserem Gesicht. Unser Körper fühlt sich lebendiger. Geistig fühlen wir uns klarer und entspannter.*

Wir intensivieren unsere Schönheit, wenn wir in ausgewählten Restaurants oder in unserer eigenen Küche liebevoll zubereitetes Essen, frische Säfte, Früchte, Salate und farbenfrohes Gemüse in einer harmonischen Atmosphäre zu uns nehmen.

Zeit für uns selbst erfüllt uns und reduziert Falten und Stress. Das alternative Gesundheitsfeld bietet Räume und Zentren, in denen Verschönerung durch Massagen, Akupunktur und Yoga gefördert wird. Wenn Sie liebevoll und wissend behandelt werden, fühlen Sie sich automatisch schöner und sehen dadurch schöner aus.

Wenn Sie sich das nächste Mal in der Natur befinden oder ein Restaurant oder ein Wellnessbad besuchen, nehmen Sie sich vor, durch dieses Erlebnis verschönert zu werden.

Glanz und Ausstrahlung sind die leuchtenden Lichter äußerer und innerer Schönheit. Wenn Menschen glücklich oder auf besondere Weise berührt sind, bemerken wir sofort ihr inneres Leuchten. Wenn das innere Licht getrübt ist, können die schönsten Kleider und die beste Frisur die gesunkene energetische Ausstrahlung nicht kompensieren. Sie können uns jedoch helfen, uns ein bisschen besser zu fühlen oder uns in eine bestimmte Stimmung zu versetzen. Wenn Menschen verliebt sind, scheint ihre innere Flamme hell und klar. Wenn Menschen zufrieden sind, strahlen Sie eine klare und erhebende Energie aus.

Ihr Schönheitsritual

Ein Bad nehmen, sich eincremen, Gesichtsmasken anwenden, Make-up auftragen, sich die Haare frisieren, sich besonders schön anziehen, zur Kosmetikerin gehen, zur Massage, sich die Beinhaare rasieren sowie die Hand- und Fußpflege sind tägliche Schönheitsrituale.

Die Zeit, die wir mit unseren Schönheitsritualen verbringen, hängt manchmal von unserer Unsicherheit ab und auch von unserem Bedürfnis, uns selbst etwas Gutes zu tun und allein zu sein. Besonders wenn wir mit anderen Menschen zusammenleben, bietet uns das Badezimmer oft mehr Privatsphäre als unser eigenes Zimmer.

Schönheitsrituale verbinden Entspannung, Reinigung, Erfrischung, Schmücken, Nähren und Genießen.

TIPP

- *Entspannung ist das Heilmittel für Stress, Zeit- und manchmal auch Geldprobleme. Sie ist kostenlos und steht immer zur Verfügung. Doch sich Entspannung zu erlauben, ist für viele beschäftigte Menschen eine Herausforderung.*
- *Die meisten Schönheitsrituale sind reinigend und erfrischend. Wann immer wir uns reinigen, lassen wir etwas los: Haare bürsten, unser Gesicht mit Wasser bespritzen, ein kurzer Spaziergang.*

- *Wenn wir uns selbst etwas Gutes tun, nehmen wir in uns auf, was uns nährt: Crème für die Haut, Kräutertee für die Nerven und unsere Lieblingsmusik für die Seele.*
- *Wir schmücken uns mithilfe unserer Garderobe, Accessoires, Make-up und Haarprodukten. Wenn Frauen Make-up auftragen und ihre Haare frisieren, versetzen sie sich in einen bestimmten mentalen und emotionalen Zustand. Sich zu schmücken, hat den Effekt, uns auf das vorzubereiten, was vor uns liegt und was wir zu tun haben. Wir stimmen uns darauf ein, so gut wie möglich auszusehen und ein positives Feedback zu erhalten.*
- *Verschmelzen Sie mit der Schönheit in Ihrer Umgebung. Suchen Sie jeden Tag nach etwas Schönem und am Abend vor dem Einschlafen erinnern Sie sich an diesen Schönheitsmoment. Erleben Sie die Vielfalt der Architektur, dekorieren Sie Ihr Zuhause und Ihren Arbeitsplatz. Pflanzen Sie Blumen. All diese Aktivitäten laden die Göttin der Schönheit in Ihr Leben ein. Wenn wir uns von unserer Schönheit abgetrennt fühlen, reagieren wir auf die Schönheit anderer womöglich mit Frustration, Eifersucht und Neid. Wenn Sie jemanden oder etwas sehen, das Sie als schön empfinden, und dieses auch für sich wünschen, finden Sie heraus, was sie genau anzieht, und integrieren Sie dieses in Ihr Leben.*

Wie sieht Ihr Schönheitsritual aus? Was ist Ihnen am wichtigsten? Nach welchen Aktivitäten fühlen Sie sich besonders schön? Was genießen Sie am meisten? Analysieren Sie, wie Sie sich schön machen, und dann überlegen Sie sich Wege, Ihr Schönheitsritual zu verfeinern. Wenn wir etwas Wunderschönes sehen, empfinden wir Ehrfurcht und Freude. Stellen Sie sich vor, dass Sie diese Gefühle empfinden, wenn Sie sich im Spiegel ansehen.

Werden Sie attraktiver

Oft bleiben wir genau vor einer wichtigen Frage stehen. Gute Therapeuten, Mentoren, und Freunde wissen, dass uns oft diese eine bohrende Frage weiterbringt:

- Bin ich schön?
- Warum bin ich schön oder warum bin ich nicht schön?

- Fühle ich mich schön und sehe ich schön aus?
- Was kann ich tun, um heute schöner auszusehen und mich schöner zu fühlen?
- Wenn ich nicht schön aussehe, wie sehe ich dann aus?
- Für wen möchte ich schön sein und warum?
- Für wen könnte ich mich heute schöner machen?
- Was ist schön an mir?
- Was ist am allerschönsten an mir?
- Wie kann ich Schönheit in meinem Leben intensivieren?
- Was muss passieren, damit ich mich schön fühle?

Die Antworten auf diese Fragen können sehr einfach ausfallen, werden aber in Ihrem Alltag eine große Veränderung bewirken. »Ich muss aufrechter gehen.« »Ich will meine Zähne öfter putzen und einen neuen Lippenstift ausprobieren.« »Ich muss mir doch eine andere Bluse anziehen, die Farben passen doch nicht so gut zusammen.« Eine Antwort kann auch etwas enthüllen: »Ich mag meine Augen, sie sind interessant.«

Wann immer Sie sich nicht schön fühlen, rufen Ihr Körper und Ihre Seele nach Aufmerksamkeit.

Strahlen statt vergleichen

In dem Märchen Schneewittchen tritt Schneewittchens Stiefmutter immer wieder vor den Spiegel und lässt sich von ihrem Zauberspiegel bestätigen, dass sie die Schönste im Lande sei. Sie rast vor Wut, als Schneewittchen an ihre Stelle tritt, und befiehlt ihrem Diener, Schneewittchen zu töten.

Es gibt immer jemanden, der schöner oder weniger schön ist. Wir können die Schönheit einer Rose nicht mit der eines Gänseblümchens vergleichen. Vielleicht ziehen wir die eine der anderen Blume vor. Vielleicht fühlen wir uns mit der Essenz einer Blume verbunden, weil sie uns etwas bedeutet, oder vielleicht passt sie einfach besser in die Vase auf dem Küchentisch.

Unsere Erfahrungen in der Schule, Schönheitswettbewerbe und Modezeitschriften verführen uns zum Vergleichen. Wenn wir uns darauf konzentrieren, wie wir gern aussehen möchten, anstatt uns mit Freundinnen, anderen Menschen und Fotomodellen zu vergleichen, stärken wir unser Selbstvertrauen.

Auch wenn die meisten Frauen niemals an einem Schönheitswettbewerb teilnehmen, tun sie es doch in Gedanken. Wer ist das hübscheste Mädchen in der Klasse, die schönste Frau im Büro und die attraktivste Frau in der Schlange im Supermarkt? Dieses Verhalten hat mit dem biologischen Instinkt, eine Rangordnung zu bilden, zu tun.

Modezeitschriften zeigen meistens Frauen, die jünger, dünner und größer sind als ihre Leserinnen. Eine psychologische Studie hat gezeigt, dass sich nach nur drei Minuten Zeitschriftenlektüre 70 Prozent aller Frauen depressiv, schuldig und beschämt fühlten.

Andere Studien zeigen, dass je symmetrischer unser Gesicht aussieht, wir attraktiver für andere sind. Das Streben nach Symmetrie ist menschlich. Doch die meisten von uns haben keine perfekt symmetrischen Gesichter oder Körper. Glücklicherweise hat Schönheit viele Möglichkeiten, sich auszudrücken:

- Energiefluss anstatt Stagnation
- Stille anstatt Kontrolle
- Konstantes Verändern anstatt Flüchten
- Interessant anstatt langweilig
- Balance anstatt Symmetrie
- Integrieren anstatt verstecken
- Einfachheit anstatt Überfluss
- Aufmerksamkeit anstatt Faulheit
- Stärke anstatt Schwäche
- Reinheit anstatt Negativität
- Organisation anstatt Konfusion
- Ewig anstatt zeitweilig

Schönheit wirkt auf energetischer Ebene anziehend, ausstrahlend und bewahrend. Die Haare folgen den gleichen Prinzipien, indem sie wie ein Magnet Blicke anziehen können, eine Botschaft der Lebendigkeit oder Verzweiflung aussenden können und Stille und Gleichgewicht im Gegensatz zu Verwirrung und Ungleichgewicht halten können.

Den scheinbar perfekten Gesichtern der Fotomodelle und Schauspielerinnen ausgesetzt, fällt uns unsere Unvollkommenheit auf. Ich habe öfters die Reaktionen von Menschen mitbekommen, die wegen eines nicht so gut ausgefallenen Fotos deprimiert waren. Die Gesichter und die Haare der Fotomodelle werden jedoch intensiv bearbeitet. Wir haben uns konditioniert, Schönheit als etwas Statisches zu erleben. Ein Foto, von dem wir wissen, dass es mit Computerprogrammen verbessert wurde, liegt vor uns. Wir müssen lernen, durch die Schichten des Stylings, des Make-ups, der Linsen, der Lichteffekte und der Computerprogramme zu schauen.

TIPP *Machen Sie selbst einmal eine Fotosession oder gucken bei einer zu. Wenn Sie erleben, dass Sie sich selbst in ein Fotomodell verwandeln können, und am eigenen Leib erfahren, wie ein Foto gemacht wird, werden die perfekten Fotos der Werbung nicht mehr diese Macht haben und Ihr Selbstwertgefühl wird steigen.*

Wenn wir unser Aussehen verbessern möchten, neigen wir dazu, erst einmal nach Rat von außen zu suchen. Wir wenden uns an die Medien und andere Menschen, und der Rat von innen, unser eigener Geschmack und unser Wissen, was uns gut aussehen lässt, kommen zu kurz. Doch haben wir ein Leben lang mit unserem Körper gelebt und kennen seine Zyklen und einzigartigen Bedürfnisse.

Wenn wir hauptsächlich von innen durch unseren eigenen Geschmack, Intelligenz, gesunden Menschenverstand und zusätzlich mithilfe von Ideen, Inspirationen, Accessoires und Produkten unser Aussehen kreieren, wird unser Selbstwertgefühl steigen. Wir werden uns unserem persönlichen Ausdruck von Schönheit bewusst.

All unsere »Star-Erlebnisse« sind in unserem Gehirn gespeichert, mitsamt den Informationen, die zu diesem Schönheitserleben beigetragen haben. Erinnern Sie sich an ein Ereignis, an dem Sie schön waren, sich schön gefühlt haben und schön aussahen. Rufen Sie die Details aus Ihrem Gedächtnis hervor und reflektieren Sie darüber, wie Sie diese Art des Seins häufiger erleben können.

Spieglein, Spieglein an der Wand, ...

Stellen Sie sich vor, dass Sie in eine Welt und Zeit hineingeboren wurden, in der es keine Zeitschriften, kein Fernsehen, keine Werbung und keine Radios gibt. Sie haben noch nie ein Foto oder Video von sich gesehen. An Ihrem zehnten Geburtstag schenken Ihre Eltern Ihnen einen kostbaren Gebrauchsgegenstand: einen kleinen Spiegel. Ihre Eltern sagen Ihnen, dass es von jetzt an Ihre Verantwortung ist, sich um Ihren Körper zu kümmern. Es ist Zeit, etwas über das Selbst zu lernen und wie es sich der Welt zeigen will. Sie nehmen den Spiegel mit in Ihr Zimmer und benutzen ihn spielerisch, liebevoll und weise.

Mit welchen Spiegeln sind Sie aufgewachsen? Mit welchen Spiegeln leben Sie jetzt?

TIPP *Ein Spiegel sollte idealerweise nur das reflektieren, was Sie energetisiert, was für Sie eine Bedeutung hat und Ihnen gefällt. Der Spiegel sollte so wahrheitsgetreu wie möglich reflektieren, keine Kratzer oder abgebrochenen Teile haben. Eine abgebrochene Ecke kann mit einem Bild abgedeckt werden, bis der Spiegel ersetzt wird. Ein Spiegel muss sauber sein, so dass Ihr Gehirn keine verzerrten Eindrücke Ihres schönen Selbst empfängt.*
Ein großer Spiegel erlaubt Ihnen, Ihr Selbst zu sehen, und gibt den Individuen eines Haushalts dadurch mehr Raum. Es sollte wenigstens ein Spiegel im Haus sein, der allen Familienmitgliedern zugänglich ist und Sie in voller Körpergröße reflektiert, so dass Sie in der Lage sind, Frisur, Garderobe und Accessoires zu kombinieren.

Narziss aus der klassischen Mythologie musste sich über einen Teich beugen, um sich in sich selbst zu verlieben. Wir haben Spiegel, die uns helfen, unser Selbst spielerisch zu erfahren, unsere Schönheit liebevoll zu betonen und unseren Charakter und Image weise zu verbessern. Schließen Sie Freundschaft mit Spiegeln, anstatt vor ihnen Negativität auszuüben. Der Spiegel, in den Sie jeden Tag schauen, ist der ideale Ort für eine Schönheitsaffirmation wie »Ich bin schön und deshalb fühle ich mich schön und sehe schön aus«.

Spiegel sind mysteriös. Sie bestehen aus einer flachen Oberfläche und doch geben sie eine ganze Welt wider. Ein Spiegel reflektiert Sie nicht so, wie andere Sie sehen, denn er kreiert ein zweidimensionales Bild. Zauberer benutzen Spiegel, um Illusionen hervorzurufen. Einkaufszentren, Kaufhäuser und Salons tun das Gleiche. Die Beleuchtung und der Einsatz von Spiegeln sollen den Impuls des Kaufens fördern. Es ist nicht ungewöhnlich, dass die Beleuchtung in dem Behandlungsraum eines Salons den Kunden blasser und weniger attraktiv erscheinen lässt, und die Rezeption und der Verkaufsbereich die Erscheinung des Kunden in einem vorteilhafteren Licht wiedergeben. Die Zufriedenheit bewirkt den Kauf von Produkten und dem Buchen des nächsten Termins.

Eine Spiegelmeditation ist eine effektive Methode, um ungeahnte Dimensionen Ihres Selbst kennen zu lernen. Setzen Sie sich vor einen Spiegel und schließen Sie Ihre Augen. Visualisieren Sie sich selbst vor Ihrem inneren Auge. Beobachten Sie, wie Ihr Gehirn verschiedene visuelle Eindrücke zusammensucht und dann zu einem Bild verschmilzt. Wenn Sie Ihre Augen öffnen und in den Spiegel schauen, werden Ihr inneres und das äußere Bild kaum identisch sein.
Schauen Sie sich ruhig im Spiegel an und beobachten Sie Ihre emotionalen und geistigen Reaktionen. Versuchen Sie, sich selbst anzulächeln. Diese Übung kann herausfordernd sein und unterschiedliche Gefühle auslösen. Bewerten Sie diesen Besuch bei Ihrem Selbst nicht, sondern nehmen Sie ihn einfach an.

Ihre Seelenblume

Wenn Haare wie eine wunderschöne Blüte sind, dann sind Sie die wunderschöne Blume. Wenn Sie eine Rose sind, seien Sie eine Rose. Wenn Sie eine Sonnenblume sind, seien Sie eine Sonnenblume.

Was ist Ihre Lieblingsblume oder -pflanze?

Wenn Sie eine Blume oder Pflanze auswählen, sollten Sie die wählen, die am besten ausdrückt, wer Sie sind. Welche ist das? Gehen Sie zum Wochenmarkt oder stellen Sie sich die Blume vor Ihrem geistigen Auge vor. Schauen Sie sich all die verschiedenen Formen und Farben der Pflanzen an. Suchen Sie sich eine Blume aus. Wählen Sie eine Blume, die am besten Ihre Schönheit ausdrückt.

Die Blumendusche

Setzen Sie sich gemütlich hin und schließen Sie Ihre Augen. Stellen Sie sich vor, wie eine Blume aus dem klaren blauen Himmel auf Sie zufliegt. Dann noch eine und noch eine. Die Blumen kommen aus allen Richtungen auf Sie zu. Es sind all die Blumen, die Sie sich einmal gewünscht hatten. Sie sind die Boten der Liebe, Schönheit und Fülle. Machen Sie dieses mindestens fünf Minuten lang. Hinterher fühlen Sie sich womöglich schöner, geliebter und glücklicher.

Verjüngung hört sich erfrischend wie ein Wasserfall an und süß wie ein Tautropfen auf einem Blütenblatt. Wieder jung zu sein, sich jung zu fühlen und jung auszusehen, ist ein Traum vieler Menschen. Was erneuert Sie? Eine Dusche, Schlaf? Ist der Jungbrunnen in unserem Gehirn eine Drüse, die den kostbaren Lebenssaft bewahrt? Finden wir ihn in einem Wellnessbad? Im Essen, an einem besonderen Ort, einem Kraftplatz? Einen Haarschnitt zu bekommen, verjüngt, indem lang gewordenes, altes Haar abgeschnitten wird. Ein bisschen Zeit fällt zu Boden. Ponyhaare sind kurze junge Haare, repräsentieren Kindheit und lassen Erwachsene jünger erscheinen. Wahre Schönheit ist alterslos, ewig.

Ein ganzheitliches Image entwerfen

Ihre Persönlichkeit, Ihr Aussehen, Ihre Gestik und Mimik sowie Ihre Garderobe verbinden sich zu Ihrer einzigartigen Schönheit. Einen Sinn für das ganzheitliche Image zu entwickeln, hilft uns, unser Aussehen zu verbessern und Harmonie zwischen Stil und Persönlichkeit zu erreichen.

Welchen Menschen in Ihrem Leben finden Sie schön? Wer ist der bestangezogene Mensch, den Sie persönlich kennen? Welche Personen fragen Sie hinsichtlich Ihres Aussehens um Rat? Schauen Sie sich Ihre Kindheit hinsichtlich Ihres Aussehens an. Wurde Ihnen gesagt, dass Sie schön oder niedlich aussehen, oder fehlten positive Bemerkungen zu Ihrem Äußeren? Wurden Sie gezwungen, bestimmte Kleider oder Haarschnitte zu tragen, oder konnten Sie

sie aussuchen? Wie sieht Ihr gegenwärtiger Lebensstil aus und welche Kleider und Farben mögen Sie am liebsten?

Oft beraten wir uns mit Menschen, die nicht viel mehr über Mode und Stil wissen als wir selber. Manchmal sind das Menschen, deren Bestätigung wir suchen, doch sind diese Personen vielleicht nur durchschnittlich angezogen und geben sehr subjektiven Rat.

TIPP *Experimentieren Sie und achten Sie auf die unterschiedlichen Reaktionen der Mitmenschen. Werten Sie ihr verbales und nonverbales Feedback aus. Waren Sie der Mittelpunkt des Geschehens? Schienen die Menschen sich unauffällig zu Ihnen hingezogen fühlen? Wurden Sie übersehen?*

Die sechs Merkmale wunderschöner Haare

Haare an sich sind schön. Haare sehen nur dann nicht gut aus, wenn sie verschnitten, gebrochen, ungepflegt, trocken oder fettig sind. Die Schönheit Ihrer Haare zeigt sich in folgenden sechs Merkmalen:

- Glanz – Wenn Haare Licht reflektieren, ist es attraktiv und strahlt. Glanz wird durch Sauberkeit, Gesundheit, natürliche Produkte, Kaltwasserspülungen und fließende Lebensenergie erzielt.
- Farbe – Jede Haarfarbe verkörpert eine bestimmte Frequenz der Schönheit, die durch die perfekte Auswahl von Garderobe und Make-up betont werden kann.
- Form – Locken, Wellen, glatte Haare fühlen sich in ihrer eigenen oder subtil verfeinerten Form am wohlsten und drücken ihre Schönheit am leichtesten aus.
- Bewegung und Ruhe – Der perfekte Fall der Haare, wenn Sie sich bewegen oder sich in Ruhe befinden, macht den Unterschied aus und wird durch präzises Haareschneiden garantiert.
- Kunst – Der künstlerische Ausdruck Ihrer Haare wird idealerweise durch einen Grundstil erreicht und die Möglichkeit, von ihm mehrere Stilvarianten abzuleiten. Haare, die sich im Gleichgewicht befinden, ermöglichen generell verschiedene

Arten, die Haare zu tragen, im Gegensatz zu einem Schnitt, der in eine bestimmte Richtung gekämmt oder getragen werden muss. Je nach Stimmung und sozialem Anlass können Sie einen einfachen, komplizierten, eleganten, romantischen oder spielerischen Stil wählen.
- Energie – Die Energie der Haare hat mit ihrer unterschwelligen Botschaft zu tun. Menschen kommunizieren Freiheit, Weisheit, Gleichgewicht, Frieden oder auch andere Qualitäten durch ihre Haare.

Hier ein Beispiel, wie man bemerkenswertes Haar kreiert:

Eine Kundin ist mit zwei Aspekten ihrer Haare zufrieden (✓, ✓) und möchte drei verbessern (✖, ✖, ✖).

Ihre Haare sehen gesund aus (✓) und glänzen. Sie mag die Weichheit und das Volumen ihrer Haare (✓). Ihre Haarfarbe ist braun und sie möchte die Haare dunkler haben, will aber nicht mit dem Färben anfangen (✖). Sie hat gerade Haare, die über ihre Schultern reichen und schwer aussehen (✖). Sie fühlt, dass ihre Haare zu voll sind und nicht ihre Flexibilität ausdrücken (✖).

Die Kundin trägt meistens schwarze Kleider, was ihre Haare heller aussehen lässt. Als sie beginnt, weiße und cremefarbene Kleidungsstücke in ihre Garderobe zu integrieren, erzielt sie einen stärkeren Kontrast und ihre Haare sehen dunkler aus. Ihre schwer aussehenden Haare konnten durch einen Stumpfschnitt aufgelockert werden. Sie hätte auch eine kleine Stufe (nicht mehr als drei Zentimeter) in die Haarenden schneiden lassen können, so dass das Deckhaar etwas kürzer ist. Wenn Haare über der Schulter hängen, bewegen sie sich nicht mehr so viel, als wenn sie kurz über den Schultern hin und her schwingen können. Da sie volle lange Haare hat, könnten mehr Stufen auch mehr Bewegung kreieren, doch dann muss die Kundin die Idee vom gleichlangen Haar aufgeben. Ihr Wunsch, ihre dynamische und aktive Persönlichkeit zu kommunizieren, kann auch durch ein Hochstecken der Haare in einen lockeren Pferdeschwanz erreicht werden. Dadurch entsteht ebenfalls ein stufiges Aussehen.

Das Zusammenspiel von Haaren, Körper und Garderobe

Was sieht gut zu Ihrem Gesicht aus? Welche Frisur kann Ihre Gesichtszüge vorteilhaft betonen? Manche Haarschnitte haben einen störenden oder ausgleichenden Effekt hinsichtlich länglicher oder rundlicher Kopfformen. Doch ist dieser oft so minimal, dass eine Person sich nicht davon abhalten lassen sollte, die Haarlänge oder Frisur zu tragen, die ihm oder ihr eigentlich am besten gefällt. Die idealen Proportionen und Längen müssen ganz individuell abgewogen werden. Ich kenne so viele Frauen, die ein ovales Gesicht haben und denken, dass sie keine langen Haare tragen können, weil sie glaubten oder gesagt bekamen, dass das Gesicht dann noch länger aussehen würde.

Das Gleiche gilt für die Kopfform und die Figur. Ein kurzer Haarschnitt an einem kleinen Kopf lässt im Allgemeinen den Kopf kleiner erscheinen. Lange, volle Haare vergrößern den Kopf. Doch im Einzelfall kann alles ganz anders sein. Manche Frauen sehen von langen Haaren ab, wenn ihr Hinterkopf zu flach ist. Stufen können eine Wölbung kreieren.

Wenn Sie sich eine neue Frisur überlegen, schauen Sie sich Ihr gesamtes Erscheinungsbild an. Übergewicht wird von langem Haar eher ausgeglichen oder versteckt. Bei extremem Übergewicht wiederum fällt durch die langen Haare das Ungleichgewicht der Proportionen eher auf. Wenn Sie sehr schlank sind und viele Haare haben, dominieren diese womöglich den visuellen Eindruck. Mit kurzem Haar zeigt man immer mehr von seinem Körper.

Wir kommunizieren zu 80 Prozent durch unsere Körpersprache, und was immer wir mit unseren Haaren, unserem Körper und unserer Kleidung machen, sendet komplexe Botschaften aus. Wenn wir uns mit unserer Kleidung oder unseren Haaren nicht wohl fühlen, reflektieren unsere Körper- und besonders die Gesichtsmuskeln unsere Anspannung.

Harmonie zwischen Haaren und Kleidung bedeutet, auf Farbzusammenstellungen, Materialien und Muster zu achten. Bestimmte Kombinationen sind harmonisch, sie passen gut zusammen, andere schaffen einen Kontrast, wirken interessant oder dramatisch, wieder andere konkurrieren miteinander, wirken irritierend und stehlen einander die Show.

Bei kurzen Haaren dominiert ein großes Muster Kopf und Gesicht. Bei einem kräftigen Körperbau wirkt ein kleines Blumenmuster fehl am Platz. Auffällige Muster können leichter mit langen, üppigen Haaren getragen werden.

Glattes, feines und glänzendes Haar passt wunderbar zu Seide und ein- bis zweifarbigen Outfits. Grobe Materialien und zu viele Farben machen es unsichtbar. Wenn die Haarfarbe selbst repräsentiert wird oder die Kleidung ergänzt, kommen die Haare besser zur Geltung. Lockiges Haar kann aufgrund seines eigenen starken Musters mit ausdrucksvolleren Mustern getragen werden. Sehr weiche Locken fließen gut mit kurvigen Linien. Geometrische Haarschnitte konkurrieren mit Rüschen und Blumenmustern.

Auch das Make-up sollte zu den Haaren entweder einen interessanten Kontrast bilden oder mit ihm im ansprechenden Einklang stehen. Beim Färben der Haare muss die Make-up-Routine meistens angepasst werden.

Tücher, Haaraccessoires und Schmuck können vorteilhaft oder störend wirken. Plastik und billige Metalle haben eine niedrigere Schwingungsfrequenz als organische Materialien wie Baumwolle, Seide, Holz, Edelsteine und -metalle. Natürlicher Haarschmuck, der Hoch- und Flechtfrisuren hält, ist manchmal schwierig zu finden. Sie können Ihren Haarschmuck energetisch reinigen und auch aufladen. Nach einer Weile geschieht dies ganz von allein, wenn Ihre persönliche Energie sich auf den Gegenstand übertragen hat.

Ihr natürliches Haar verändern

Der Wunsch, seine Haare zu verändern, wurzelt entweder im spielerischen Selbstausdruck, Abenteuerlust oder im niedrigen Selbstwertgefühl und Druck von außen. Alle Haarfarben und Formen sind schön, aber viele Menschen können ihre Haare nicht leiden, weil sie nicht so sind, wie sie sie gern hätten.

Dauerwellen verwandeln gerade Haare in Locken oder Wellen und Glättungsmittel tun das Gegenteil. Der Haarschaft wird mit Chemikalien manipuliert, die die innere Struktur aufbrechen und dann in der neuen Form härten.

Menschen lassen sich eine Dauerwelle aus Langeweile machen, um ihr Haar zu betonen oder weniger erwünschte

Eigenschaften auszugleichen und zu verstecken. Manche Frauen denken, dass ihr Gesicht zu groß ist für glatte Haare. Andere denken, dass eine Dauerwelle ihnen helfen wird, einen Lebenspartner zu finden oder der Beziehung Aufschwung zu geben.

Manche Frauen erinnern sich gern an ihre erste Dauerwelle, die eine Art Initiation in die Welt der Frauen war und als Nebeneffekt so viel praktischer war, als sich mit Lockenwicklern abzuplagen. Wenn Sie wirklich eine Dauerwelle haben möchten und sich gut damit fühlen, dann wird sie bestimmt ein Erfolg sein. Wenn eine Dauerwelle aus Unsicherheit oder Verzweiflung angewandt wird, könnte sie Erwartungen enttäuschen.

Viele Frauen und auch einige Männer entscheiden sich für eine Dauerwelle, weil sie denken, dass diese die einzige Lösung für ihre Haare sei. Sie möchten mehr Volumen haben und glauben, dass ihre Haare zu dünn und unattraktiv seien. Eine Dauerwelle vergrößert das Volumen der Haare, doch wenn Sie wenig und feines Haar haben, kreiert die Dauerwelle kleine Löckchen, die sich zusammenziehen. Es entstehen mehr Scheitel und die Kopfhaut ist entblößt. Wenn feine Haare stumpf geschnitten werden, wird das Haar als Ganzes voller. Feines Haar ist an sich nicht unattraktiv, wenn es regelmäßig nachgeschnitten wird und nicht fettig ist.

Lösungen für den Wunsch nach Locken

»Glatte Haare sind langweilig. Ich wollte schon immer Locken haben.« »Locken sind langweilig, man kann nichts anderes mit ihnen machen. Ach hätte ich nur glattes Haar.«

Glattes Haar lässt sich mithilfe von Lockenwicklern oder dem Flechten in Wellen und Löckchen verwandeln, wenn für einen besonderen Anlass ein anderes Aussehen gewünscht wird.

Glatte Haare sind selten ganz gerade. Durch bestimmte Schneidetechniken kann versucht werden, die feinste Welle zu betonen und jedes Mal stärker herauszubringen. Haare sind formbar. Ermutigen Sie Ihr Haar, das zu tun, was Sie sich wünschen. Manche meiner Kunden haben mithilfe von Visualisierungen und Fotos, die sich an die Pinnwand hefteten, Locken kreiert.

Menschen mit lockigen Haaren, die ihre Haare glätten möchten, können auch große Lockenwickler, den Fön oder einen

Lockenstab benutzen. Der Vorteil von Locken ist ihr Volumen. Glatte Haare glänzen mehr als wellige Haare, weil sie das Licht besser reflektieren.

Sie können das haben, was Sie sich wünschen, ohne dass Sie Ihre Haare chemischen Stoffen aussetzen müssen. Was genau möchten Sie mit einer chemischen Haarbehandlung erreichen? Möchten Sie Locken oder glatte Haare aus Experimentierfreude, um attraktiver zu sein, um potenzielle Schönheitsmakel auszugleichen? Was steckt hinter diesem Wunsch? Eine Beförderung, einfach nur Abwechslung, eine andere Person, die Sie am Morgen im Spiegel anschaut? Erforschen Sie den wahren Grund und dann schreiben Sie auf, wie Sie das gleiche Resultat mit anderen Mitteln erreichen können. Zum Beispiel natürliche Stylingprodukte für Ihre Haare oder bestimmte Strategien für Ihr Leben.

Mit Farben spielen

Mehr als 60 Prozent aller deutschen, französischen und spanischen Frauen färben ihre Haare, um das Grau abzudecken, hellere Haare zu bekommen oder eine andere Haarfarbe auszuprobieren. Eine Kundin meinte dazu: »Es ist schade, dass wir in einer Gesellschaft leben, in der wir unsere Haare färben müssen.«

Sich die Haare permanent zu färben, ist eine Langzeitangelegenheit, wenn die gewählte Farbe von der eigenen stark abweicht.

TIPP *Bevor Sie diese Entscheidung fällen, bringen Sie mehr Farbe in Ihr Aussehen, indem Sie Ihre Kleidung, Schmuck und Accessoires farblich auffrischen. Buchen Sie einen Termin für eine Farb- und Typberatung oder beschäftigen Sie sich mit Farben anhand von Büchern, Fotografien und Kunst. Manche Farben können Ihre Persönlichkeit mehr betonen als andere. Und dann gibt es noch die Farben, nach denen sich unser physischer, emotionaler und ätherischer Körper sehnt. Damit betreten wir das Reich der Symbolik, der Farbpsychologie und der Farbfrequenzen. Farben sind Lichtfrequenzen und haben das Potenzial, uns auszugleichen, zu energetisieren und zu erheben. Wir wissen es intuitiv und wählen Farben aus, die uns anzie-*

hen und die unseren Augen gefallen. Diese Farben nähren uns auf ätherischer Ebene und idealerweise repräsentieren sie uns auf vorteilhafte Weise. Wir können Farben auch durch unsere Nahrung, die Einrichtung unseres Heims, Kunst, Blumen, Visualisierungsübungen, farbige Öle und Bäder einnehmen.

Gab es in Ihrem Leben Phasen, in denen Sie bestimmte Farben trugen? Welche Farben ziehen Sie momentan vor?

Früher hatten Großmütter graue Haare, mittlerweile haben schon Frauen in den späten Zwanzigern graue Haare, bevor sie ihr erstes Kind zur Welt bringen. Am Anfang des 20. Jahrhunderts lag die durchschnittliche Lebenserwartung bei 50 Jahren. Nun reicht sie bis in die späten siebziger Jahre. Graue Haare sind der Hauptgrund, warum sich Männer und Frauen die Haare färben. Graue Haare sind in unserer Gesellschaft besonders für Frauen der Feind eines jungen, dynamischen Aussehens

Graue Haare können Diskriminierungen auslösen. Eine Kundin konnte keine Arbeit finden, bis sie ihre Haare färbte. Menschen haben unterschiedliche Erlebnisse mit grauen Haaren. Manche sind sehr besorgt, andere schätzen es. Es gibt strahlendes, trauriges, krankes, weises, müdes und glückliches graues Haar.

Manche möchten ihr Haar genauso ungern beschichten wie ihre anderen Antennen, die Nägel. Es stört sie, behindert den natürlichen Energiefluss durch diesen Teil des Körpers und sabotiert eine generelle Sensibilität. Oft ist auch der Kontrast zwischen Haarfarbe und Teint zu krass.

Auch nach Jahren grauer Haare kann die natürliche Haarfarbe wiederkommen. Meistens passiert dieses, wenn eine Veränderung des Lebens mehr Entspannung und Erfüllung auf persönlicher oder beruflicher Ebene mit sich bringt oder nachdem der Körper mit bestimmten Nahrungsergänzungsmitteln genährt wurde.

Eine sexy Frisur, bitte!

Die Mehrzahl aller Friseurkundinnen – verheiratet, ledig, alle Altersgruppen, aus verschiedenen Berufssparten und mit unterschiedlichem ethnischen Hintergrund – wünscht sich einen

Haarschnitt, der sie sexy aussehen lässt. An zweiter Stelle steht der Wunsch, weiblich auszusehen.

TIPP *Was macht einen sexy und femininen Haarschnitt aus? Ganz einfach: Alle Menschen sind sexuell. Nur manche haben den Fluss der sexuellen Energie abgestellt. Andere haben ihn auf niedrig gestellt oder voll aufgedreht. Man braucht nur sexy denken und schon stellt man ihn an. Man ist sexy, wenn man sich auf seine sexuelle Energie einlässt und sie durch die verschiedenen Körperteile fließen lässt. Sexuelle Energie kann durch die Art, wie wir gehen, reden, uns anziehen, uns bewegen und wie wir unsere Haare tragen, intensiviert werden.*

Sehen Sie sexy aus? Was müssten Sie tun, um erotischer auszusehen? Was Frisuren betrifft, gibt es keine allgemeingültige Regel. Lange Haare werden oft als sexuell attraktiver bewertet, doch dem widersprechen all die Frauen, die sich über ihre langen langweilig aussehenden Haare beschweren. Ein kurzer Haarschnitt kann von hinten betrachtet sehr männlich aussehen oder den Nacken wunderschön hervorheben. Volumen kann sexy aussehen genauso wie nasse, gegelte Haare, die dicht an der Kopfhaut anliegen. Glatte Haare strahlen einen coolen Sexappeal aus, während wellige Haare als leidenschaftlicher interpretiert werden können.

Sexy auszusehen, hat damit zu tun, wie man sich mit sich selbst, der gängigen Mode und mit seinen Haaren fühlt und wie andere darauf reagieren.

Haar-Rituale

Rituale und Zeremonien haben die Kraft, die Vollendung eines Zyklus zu markieren, Übergänge im Leben einfacher zu gestalten und Neuanfänge erinnerungswürdig vorzubereiten. Die essenziellen Meilensteine in unserem Leben können durch das Medium Haare gefeiert werden.

Der erste Haarschnitt

Egal wie jung das Kind ist, es fühlt, dass etwas Wichtiges bevorsteht. Der erste Haarschnitt ist eine Initiation in die Gesellschaft. Soziale und kulturelle Erwartungen und Gebräuche bezüglich des Geschlechts des Kindes und seiner Attraktivität beeinflussen die Entscheidungen der Eltern hinsichtlich Frisur und Haarlänge.

Der erste Haarschnitt soll ein angenehmes sinnliches Ereignis sein, das dem Kind die Botschaft vermittelt, dass es wert ist, mit Liebe und Respekt behandelt zu werden und dass es besonders und schön ist. Der erste Haarschnitt kann alle zukünftigen Haarschnitte beeinflussen und muss von daher das Wesen des Kindes achten.

Tipp *Bereiten Sie den ersten Haarschnitt vor, indem Sie die Kopfhaut Ihres Kindes sanft streicheln, bürsten und massieren. So lernt Ihr Kind die Berührung am Kopf und an den Haaren zu genießen. Erklären und zeigen Sie Ihrem Kind Scheren, um mögliche Angst mit Neugier und Respekt vor dem Werkzeug zu ersetzen. Schneiden Sie einen Kreis oder ein Herz aus Papier aus, während Sie erklären, dass Scheren kreative Werkzeuge sind, die vorsichtig gehandhabt werden müssen. Je nach Alter Ihres Kindes können Sie ihm erlauben, mit Kinderscheren zu basteln. Kinder, die selber Haare schneiden möchten, brauchen eine Puppe zum Experimentieren.*

Wann der erste Haarschnitt stattfinden soll, hängt von der Fülle, dem Zustand der Haare und von der Bereitschaft

Der erste Haarschnitt

des Kindes ab. Wenn Sie den ersten Haarschnitt planen, beziehen Sie Ihr Kind mit ein. Wenn Ihr Kind noch nicht verbal kommuniziert, interpretieren Sie seine nonverbale Botschaft. Reagiert Ihr Kind positiver auf Frauen oder

Männer? Ist es mehr an ältere oder jüngere Menschen gewöhnt? Wenn Ihr Kind gerade in einer sehr anhänglichen Phase ist, planen Sie den Haarschnitt, wenn es wieder mehr in Abenteuerstimmung ist. Benutzen Sie Ihre Intuition und Ihre Erfahrung mit seiner Persönlichkeit, um herauszufinden, wer die Haare schneiden sollte. Sie selbst, der andere Elternteil, ein Friseur. Überlegen Sie auch, wo der Haarschnitt stattfinden sollte, zu Hause, im Salon oder draußen im Garten.

Beim ersten Haarschnitt erlebt das Kind neue Empfindungen: den Klang der Schere, den Druck und die Sanftheit des Kamms, der durch das Haar gleitet, und das abgeschnittene Haar, das auf den Boden fällt. Manche Kinder werden von einem Haar, das sie kitzelt, irritiert. Die Haare nass zu schneiden, ist am besten, weil die feuchten Haare nicht so pieksen. Das Haar kann vorher gewaschen werden, Sie können den Kamm nass machen oder eine Sprühflasche mit »Zauberwasser« benutzen. Vielleicht möchten Sie den ersten Haarschnitt mit einem Geschenk bekräftigen. Fotos und Videoaufnahmen tragen auch dazu bei, den ersten Haarschnitt zu einem besonderen Ereignis zu machen. Bewahren Sie eine Haarsträhne oder Locke auf. Dieses Andenken kann dann einen Platz im Fotoalbum, Babybuch, im Medaillon oder Medizinbeutel finden.

Kindheit

Nach der Baby- und Kleinkindphase wird das Kind zu einem kleinen Jungen oder Mädchen. Es hängt von der jeweiligen Kultur ab, ob nun ein geschlechtsspezifisches Aussehen durch die Frisur unterstrichen werden soll. Dieser Haarschnitt findet statt, bevor das Kind in den Kindergarten, die Vorschule oder Grundschule kommt. Achten Sie auf die Gefühle des Kindes. In diesem Alter sind sich die Kinder des Aussehens ihrer Haare und dem Haargefühl schon lange bewusst.

TIPP *Wenn Ihr Kind eher schüchtern ist, sollte der neue Haarschnitt vor dem Eintritt in eine neue Gruppe stattfinden.*

Eine neue Frisur in der Eingewöhnungsphase kann einen entfremdenden Effekt haben.
Wenn Sie Ihr Kind zum ersten Mal fragen, ob es einen Haarschnitt haben möchte, kann das Wort »Schnitt« Angst auslösen. Inzwischen hat das Kind gelernt, dass vieles, was mit Schneiden zu tun hat, entweder wehtut oder gefährlich ist. Umschreibungen sind: »Möchtest du deine Haare neu frisiert haben, sollen sie schöner, gesünder, witziger oder leichter zu kämmen sein?«
Fragen Sie auch, ob das Kind wie ein Junge oder Mädchen aussehen möchte und wie es sich die entsprechenden Frisuren vorstellt: »Ist es wichtig für dich, dass andere Menschen gleich wissen, dass du ein Junge oder Mädchen bist? Möchtest du lange oder kurze Haare tragen?«
Erklären Sie, was Sie unter kurzen und langen Haaren verstehen. Malen Sie Personen mit verschiedenen Haaren oder schauen Sie sich Zeitschriften an. Stellen Sie auch folgende Frage: »Möchtest du lernen, wie man die Haare pflegt, oder möchtest du, dass wir das noch für dich übernehmen?«

Pubertät

In unserer Gesellschaft mangelt es an bedeutungsvollen Ritualen. Das Feiern von Geburtstagen und Feiertagen konzentriert sich mehr und mehr auf materielle Geschenke. Dieses trägt zum Verhungern unserer Seele bei. Kinder, Teenager und auch Erwachsene kreieren ihre eigenen Initiationen. Die wachsende Beliebtheit von Tätowierungen und Piercings im letzten Jahrzehnt ist ein Beispiel für die Selbstinitiierung.

Wenn Ihre Tochter ihre erste Periode bekommt, könnten Sie sie in ein Wellness-Center führen, wo sie ihre Haare geschnitten und frisiert bekommt. Rote Rosen und ein Besuch in ihrem Lieblingsrestaurant würden Ihrer Tochter ein Leben lang als ein Tag in Erinnerung bleiben, an dem ihre Weiblichkeit und ihr Frauwerden gefeiert wurden.

Wenn Ihr Sohn zum Mann wird, könnten Sie mit ihm und seinen besten Freunden zelten gehen und ein Lagerfeuer machen.

Medaillon mit erster Haarlocke

Lassen Sie ihn über seine Ideen für die Zukunft sprechen. Dann könnte er ein paar seiner Haare mit einem Messer abschneiden und in die Flammen werfen. Wildes Trommeln beendet das Ritual.

Diese Beispiele entsprechen gewissen Stereotypen, die in unserer Gesellschaft vorherrschen. Die Tochter kann die Lagerfeuerzeremonie natürlich genauso vollziehen und der Sohn den Besuch beim Friseur.

Erwachsenenalter

Als Erwachsene erleben wir einschneidende Lebensereignisse wie Ehe, Geburt und Elternschaft, den Tod eines nahe stehenden Familienmitglieds, die Trennung vom Partner, Scheidung, Krankheit, berufliche Veränderungen und Umzüge. Wenn wir die Vergangenheit ein Stückchen mehr hinter uns lassen wollen, kann ein Loslassritual in Verbindung mit einem Haarschnitt genau das Richtige sein. Die Veränderung unseres Aussehens

Dieser Mann hat sich zur Geburt seiner Tochter mit einer selbst geschliffenen Steinschere seine langen Dreadlocks abgeschnitten.

und die tiefere Bedeutung so einer Transformation können uns helfen, von einer Phase in die nächste überzugehen.

Seniorenalter

Senioren erleben die Geburt von Enkelkindern, einen weiteren runden Geburtstag und den Übergang vom aktiven Arbeitsleben in den Ruhestand.

Einer meiner Kunden entschied sich, seine Haare abzurasieren. Obwohl er nicht mehr viele Haare hatte, war es eine Mutprobe. Er hatte gerade eine dunklere, von Krankheit geprägte Phase hinter sich und wollte an seinem 60. Geburtstag neu anfangen.

Eine Bekannte feierte ihren 50. Geburtstag mit einem »Liebestunnel«. All ihre Freunde und Verwandte stellten sich in zwei gegenüberliegenden Reihen auf und hielten die Hände so aneinander, dass sich ein Dach ergab. Nachdem sie durch diesen Gang gelaufen war, wurde sie mit einem Blumenkranz im Haar gekrönt.

Männer können sich zur Feier eines Übergangs all ihre Haare, besonders ihren Bart, wachsen lassen und sich für ein paar Tage in die Natur zurückziehen.

Die Rasur als Ritual der Kraft und Hingabe

Folgende Bilder und Assoziationen erscheinen, wenn wir an kahl geschorene Köpfe denken:

- Ägyptische Priester und europäischer Adel, versteckt unter Perücken
- Nonnen, die alles geben
- Buddhistische Mönche, die nichts wollen
- Chemotherapie
- Merkwürdige Krankheit
- Frauen, bevor sie als Hexen verbrannt wurden
- Kriegsgefangene
- Hygiene
- Sklaven als billige Arbeitskräfte
- Demütigung aufgrund verbotener Liebe
- Die Frau, die mit dem Feind schlief
- Basketballspieler
- Punks
- Jüdische Männer und Frauen, bevor sie vergast wurden
- Prostituierte, die nicht mehr gebraucht wurden
- Protest
- Geschlechterverwirrung
- Sexuelle Abstinenz oder wilder Sex

- Sehnsucht nach Gleichgewicht und Freiheit
- Neugeborene und Wiedergeburt

Würden Sie Ihre Haare abrasieren? Was wären Ihre Bedenken oder Ängste? Was wären Ihre Intentionen?

Ein Mönch hebt seinen Kopf. Haare sind auf den Boden gefallen. Seine großen braunen Augen, nun auffallend groß, schauen umher und bemerken, wie sich die Welt verändert hat. Er fühlt sich leichter, nackt und klar. Er hat seine Haare Gott geschenkt und damit seine Anhaftung an die materielle Welt aufgegeben. Die vedische Tradition überliefert, dass die, die ihre Haare für Gott scheren lassen, von Halbgöttern umgeben werden, die sie segnen. Die Menschen in seinem Umfeld nehmen wahr, wie sich seine Erscheinung verändert hat. Er sieht unschuldig wie ein Baby aus und reif wie ein alter Mann. Seine Haare werden fürsorglich aufgesammelt, um verbrannt zu werden, und der Fußboden wird sauber gefegt. Er verlässt den Tempelraum und beginnt eine neue Phase in seinem Leben mit einem inneren Lächeln.

Als religiöse oder spirituelle Praxis des Opferns drückt die Rasur das Loslassen von der materiellen Welt aus. Es ist ein Prozess, der das Aussehen betrifft, aber gleichzeitig einen inneren Prozess des Loslassens von Lebensstil, Schönheitsidealen und den Regeln und Normen der Gesellschaft bedeutet. Die Rasur zieht Konfrontation mit der Umwelt nach sich. Sie wird von anderen Menschen bewertet und verurteilt. Der Kahlgeschorene wird als religiöser Fanatiker, als Krebskranker, als radikaler Aktivist, Militärangehöriger, als Verrückter oder Krimineller verdächtigt.

Doch Trends in der Welt des Sports und der Mode haben im letzten Jahrzehnt den glatt rasierten Kopf gesellschaftsfähig gemacht. Für Männer ist er zum Ausdruck eines Lebensstils geworden.

Wenn die Haare freiwillig abrasiert werden, bedeutet dies einen Akt der Hingabe an eine Autorität, an etwas, das größer ist als man selbst, sei es Gott, eine religiöse oder politische Gruppe, ein Kloster oder die Armee. Wenn die Haare gegen den eigenen Willen abrasiert werden, schürt dies Wut, Ablehnung, Schmerz und Schamgefühl.

»Als ich meine Haare zum ersten Mal so kurz abrasierte, fühlte ich mich total befreit. Kein Pflegeaufwand, keine Sorgen, keine Abhängigkeit. Doch nun, nach fünf Jahren, hänge ich an dieser Frisur. Sie ist ein Teil meiner Identität geworden.«

Im Mittelalter reisten Frauen, die als Huren bezeichnet wurden, mit den Soldaten. Wenn die Soldaten ihrer müde wurden, schnitten sie den Frauen die Haare ab und jagten sie davon. Zusätzlich zu der Erniedrigung und dem Verlassensein waren diese Frauen jahrelang durch ihre kurzen Haare gezeichnet. Es gab keine Möglichkeit für sie, von der Gesellschaft aufgenommen zu werden, bis ihre Haare wieder lang waren.

Frauen und Männer aller historischen Epochen wurden gezwungen, Klöstern oder Armeen beizutreten, und mussten Kopfrasuren über sich ergehen lassen. Sklaven und Kriminellen wurden die Haare abrasiert, nicht nur aus hygienischen und praktischen Gründen, sondern auch, um sie zu erniedrigen und ihrer Individualität zu berauben.

In dem Roman und Film »Hiroshima, mon Amour« wurde eine Französin öffentlich geschoren und dann in einen Keller geworfen, weil sie sich in einen deutschen Soldaten verliebt hatte. Sie wurde als Hexe dafür bestraft, dass sie ihr Volk verraten habe. Tatsächlich war es noch im vorletzten Jahrhundert in europäischen Dörfern üblich, die Haare einer Frau abzuschneiden oder abzurasieren, wenn sie vorehelichen Sex hatte oder fremdgegangen war.

Das Abrasieren der Haare ist ein Reinigungsprozess, eine Wiedergeburt. Es ist üblich, sich in der Rebirthing-Szene die Haare wenigstens einmal abzurasieren oder sogar neun Monate lang, die Dauer einer Schwangerschaft, abrasiert zu lassen. Sich selbst ohne Haar zu sehen und zu erleben, kann einen tieferen Kontakt zum Selbst ermöglichen.

Das Abrasieren stimuliert die Akupunkturpunkte und Chakren. Der Kopf kann ohne Haare zum Empfangsorgan für kosmische Schwingungen werden.

Die Werkzeuge, die wir für unsere Haare benutzen, bekommen eine wichtige Funktion, wenn wir ihre tiefere Bedeutung erforschen und sie in einen höheren Dienst stellen.

Künstler benutzen Werkzeuge, um ihre Ideen zu manifestieren. Heiler benutzen Instrumente und Medizin, um eine Person wieder in einen Zustand des Heilseins zu bringen. So brauchen wir auch die besten Werkzeuge, um einen perfekten und harmonischen Haarschnitt zu gestalten und die Haare zu heilen.

Der Kamm der Göttin

Der Kamm ist ein matriarchalisches Symbol. In Indien und bei den Hopi-Indianern repräsentiert der Kamm Regen und damit neues Wachstum, frisches Leben und Erneuerung. Der Kamm ist yin, weiblich. Seine Bewegungen durch die Haare sind sanft und beruhigend. Ein Kamm hat die Kraft, das Universum der Haare zu organisieren und darüber hinaus das es umgebende Energiefeld. Kämme werden zum Kämmen und als Haarschmuck benutzt.

Vor vielen Jahren hatte ich eine Vision, die von einer Botschaft begleitet war:

»Ich bin der Rosenquarzkamm. Ich möchte mich in dieser Welt manifestieren, um den Haaren der Menschen Liebe und Licht zu bringen.«

Die Energie hinter diesen Worten war stark, klar und bezaubernd. Innerhalb von zwei Wochen hatte ich einen Juwelier gefunden, der den Rosenquarzkamm für mich anfertigte.

Steine sind, ähnlich wie Pflanzen, Lebensformen und besitzen Heilkräfte. Der Rosenquarzkamm hat mittlerweile viele Haare und Auren gekämmt. Ich reinige ihn mit Wasser, Salz, Erde und Salbei.

Der Rosenquarzkamm steht mit Lemuria in Verbindung, einem versunken Kontinent, der nun eine mythologische und spirituelle Dimension darstellt und sich in der Nähe der Hawaiianischen Inseln befindet. Dort haben die Menschen mit Steinen, Pflanzen und Tieren mühelos kommuniziert. In Atlantis, einer weiteren uralten Zivilisation, die im Atlantischen Ozean in der Nähe der Bahamas vermutet wird, sollen die Menschen Kristalle

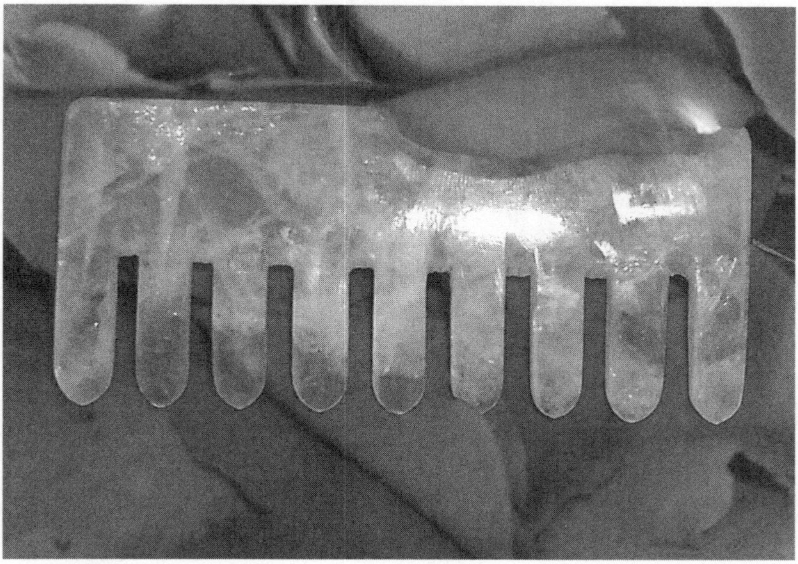

Rosenquarzkamm

zur Heilung, zum Kämmen ihrer Haare und als Schmuck benutzt haben.

Im alten China haben Jadekämme Frauenfrisuren geschmückt.

Alle Haarwerkzeuge müssen regelmäßig gereinigt werden, nicht nur aus hygienischen Gründen, sondern auch, um das Werkzeug energetisch aufzuladen. Die erste Bürste und der erste Kamm für ein Baby sind besondere Geschenke. In manchen Legenden und Märchen haben Bürsten und Kämme die Funktionen schützender Talismane, aus dem gleichen Grund, aus dem manchmal eine Haarsträhne getragen wird.

Die Zenschere

Kamm und Schere ergänzen einander. Die Schere ist yang, männlich.

Als ich zum ersten Mal meine »Hikari-Schere« in der Hand hielt, fühlte sie sich so klar wie ein Diamant an. Sie glitt durch den Kosmos der Haare wie ein starker und doch sanfter Lichtstrahl. Sie hinterlässt keine Schnittspuren oder Narben in den

Zenschere

Haaren oder der Aura. Perfekte Scheren sind aerodynamisch und liegen ergonomisch in der Hand, um alle möglichen Bewegungen durchzuführen. Optimale Schärfe und Schließfähigkeit der Schere garantieren höchste Perfektion bei jedem Schnitt. Sie sind leicht und anmutig und ermöglichen eine sensible und fließende Handhabung.

Aufgrund ihrer Schönheit, Reinheit und Perfektion ist diese Schere ein Kraftobjekt, das beide, den Friseur und den Kunden, erhebt und stärkt. Die Metallkomposition einer Schere ist wichtig, denn Metalle haben genau wie Edelsteine einen elektromagnetischen Einfluss auf das Zellsystem des menschlichen Körpers, mit dem sie in Kontakt kommen. Der Körper und die Aura können durch ein Metall entweder geschwächt oder gestärkt werden, genauso wie das Tragen naturbelassener Stoffe einen anderen Effekt hat als das synthetischer Materialien.

Die Schere ist ein sensibles Heilinstrument, das sowohl materielle als auch immaterielle Funktionen erfüllt. Ihre praktische Funktion ist die Trennung des Alten vom Neuen, während ihre Medizin reine Herzensenergie ist. Sie trägt die Zenkraft der Klarheit und Entscheidungsfähigkeit in sich. Ihre Energie ist die eines scharfen und konzentrierten Jas!

Die Zukunft der Haare

Haare im dritten Jahrtausend

Wir haben Maschinen gebaut und Medikamente erfunden, die unsere Leben verlängern können, und wir benutzen Chemie, um unseren Haaren die Farbe zu geben, die es einmal hatte. Wenn es keine Färbemittel gäbe, würden wir überall ältere weißhaarige Menschen sehen. Die Vielfalt natürlicher Haarfarben aller Rassen verbindet sich gegen Lebensende zu globalem weißen Haar.

Lassen Sie vergangene und gegenwärtige Haarphänomene dieses Planeten an Ihrem inneren Auge vorbeigleiten. Schauen Sie sich Ihre persönliche Haargeschichte wie einen Film an. Lassen Sie alle Eindrücke los und gucken Sie in einen vorgestellten oder wirklichen blauen Himmel. Erträumen Sie die Zukunft der Haare.

Die Zukunft ist jetzt. Wir kreieren Haarschnitte mit dem Fokus auf Gesundheit und natürliche Schönheit. Sobald die Existenz von Akupunkturpunkten und Chakren im Bewusstsein der Bevölkerung verankert ist, wird es ein Teil des Lebens sein, die Haare so zu schneiden, dass sie nicht nur optisch, sondern auch energetisch zu der Person passen. Bald hören wir: »Was, du hast deine Haare immer noch nicht ins Gleichgewicht bringen lassen? Du glaubst immer noch, dass Haare totes Zeug sind?« Neue, energie-effiziente Haarschnitte verschönern und stärken den Menschen mit Leichtigkeit. Wenn unsere geistigen Fähigkeiten sich dahin entwickeln, dass wir unsere äußere Erscheinung mit unserer Willenskraft beeinflussen und gestalten können, kommunizieren die Haare energetisch mit dem Umfeld. Wenn wir in der Lage sind, die Energie eines Apfels aus biologisch-dynamischem Anbau mit dem eines genetisch modifizierten oder mit Pestiziden behandelten Apfels zu vergleichen, und wahrnehmen, was das Essen dieser verschiedenen Äpfel energetisch und gesundheitlich mit uns macht, wird uns die Wahl für den Bio-Apfel leicht fallen. Das Gleiche trifft auf die Schönheit zu. Oberflächliche Schönheit wird ihre Macht über uns verlieren und durch Ausstrahlung ersetzt werden, die von innen kommt und sich mit allem Äußeren harmonisch verbindet.

Haare im Licht

Die Erde schwingt und strahlt im Licht der Liebe.
Die Lichtarbeit hat gesiegt.
Alle Wesen, die ihre Energie der Heilung der Erde schenken,
sind durch Lichtfäden verbunden,
die den Lichtmantel der Erde stärken.

Die Menschen sind frei und göttlich.
Jede Frau, jeder Mann, jedes Kind ist
zur Königin und zum König des Himmelreichs
auf Erden erhoben, gekrönt durch leuchtendes Haar.
Jeder Mensch trägt diese natürliche Krone
im Bewusstsein der Würde und Schönheit.

Die Haare sind leicht wie die neue Schwingung,
lichtvoll wie das neue Sein, befreit wie der neue Mensch.
Die Haare fliegen und sprühen,
während die Lebensenergie durch den ganzen Menschen strömt
und die Aura sich in die Unendlichkeit ausdehnt.
Die Haare sind in Harmonie mit Körper, Geist und Seele.
Die Haare sind im Gleichgewicht und im Einklang mit der Natur.

Der Mensch ist erfüllt von seiner Aufgabe,
Brücke zwischen Himmel und Erde zu sein,
Sein Haar reicht als geöffnete Antenne in den Himmel
und ist gleichzeitig in der Erde verwurzelt.

Die Erde lacht.
Die Natur vibriert vor Freude.
Alle Farben leuchten, alle Töne erklingen,
die gesamte Schöpfung feiert.
Die Neuen Menschen tanzen und lieben
und ihre Haare schwingen und strahlen im Licht.

Globales Netzwerk aus strahlenden Haaren

Die Schicksale der Menschheit sind aus Haarfäden zusammengewoben. Wir sind eine große Haarfamilie, die auf dem kosmischen Haar- und Energiegarten Erde lebt.

Schenken wir dem Haar Licht, breitet sich der Effekt weiter aus. Wenn wir unsere Haare heilen, heilen wir uns und die Erde. Persönliches Gleichgewicht und persönliche Polarität hängen mit dem universellem Gleichgewicht und der universellen Polarität zusammen.

Was haben Sie alles mit Ihren Haaren erlebt? Welche Rolle spielen Ihre Haare jetzt in Ihrem Leben? Was haben Sie durch Ihre Haare gelernt? Wie hängen die Haare mit Ihren Träumen, Visionen und Idealen zusammen? Was ist das besondere Geschenk, das Ihre Haare Ihnen machen?

Ihre Haare lieben Sie und sind ein Teil von Ihnen. Ihre Haare werden Ihnen immer dienen. Wenn Ihre Haare etwas brauchen, werden sie sich bemerkbar machen. Haargeheimnisse warten darauf, entdeckt zu werden. Wir beginnen, das Konzept der Haare als Antennen zu begreifen. Führen Sie es tiefer und weiter fort.

Ihre Haare sind eine enorme Kraft. Sie können alles, was Sie wünschen, anziehen und ausstrahlen. Zwischen diesem Ein- und Ausatmen liegen Stille und Frieden. Die Haare sind das Universum und das Universum liegt im Haar.

Experimentieren Sie, sammeln Sie Erfahrungen und teilen Sie. Sie hinterlassen eine Haarlegende.

Haare-im-Licht-Meditation

Verbinden Sie Ihren Atem mit der Vorstellung, Licht durch Ihr Kronenchakra in Ihren Körper aufzunehmen. Wenn der Körper ganz mit diesem Lichtatem gefüllt ist, lassen Sie das Licht durch die Haare in Ihre Aura fließen, bis Ihr Aura-Körper von Licht erfüllt ist.

Haare im Licht kann man besonders gut in den Morgen- und Abendstunden sehen. Wenn das Sonnenlicht auf die Blätter fällt und sie erhellt, halten Sie nach Kindern Ausschau, die im Park spielen, oder nach Menschen, die einen Spaziergang machen, um den beeindruckenden Lichteffekt der Haare zu genießen.

Im Moment des perfekten Lichteinfalls schmelzen die Haare zusammen und lösen sich im Licht auf. Die Einheit der Haare transformiert das Sonnenlicht in einen verschwommenen Lichtkörper, der den Beobachter sanft berührt. Haare im Licht sind eines der schönsten, wundersamsten und magischsten Phänomene, die wir auf dieser Erde erleben können.

Anhang

Bezugsquellen und Kontaktadressen

Kontaktadresse von Linda Deslauriers in Deutschland:

Hair Garden
c/o Hollatz
Winzeldorfer Weg 13
D-20251 Hamburg
Tel.: 040 / 525 700 22

Kontaktadresse von Linda Deslauriers in den USA:

Hair Garden
60 Puaina Place
Makawao, HI 96768
USA
Tel.: 001 / 808 573 30 06
Fax: 001 / 808 573 69 36
linda@hairgarden.com
www.hairgarden.com

Für Informationen zur natürlichen Haarpflege mit dem 5-Elementesystem aus den USA wenden Sie sich bitte an:

Morrocco Method International
Tel.: 001 / 805 534 16 00
Fax: 001 / 805 534 90 00
sales@morroccomethod.com
www.morroccomethod.com

Anthony Morroccos Haarpflegeprodukte kommen aus biologischem Anbau, bestehen aus rein pflanzlichen Inhaltsstoffen und enthalten weder tierische noch chemische Substanzen. Sie sind besonders für Menschen geeignet, die an Haarausfall, Allergien, Unverträglichkeit von chemischen Zusatzstoffen und Candida und leiden.

Über das Meersalz aus Guérande können Sie sich unter www.meersalz.de informieren. Dort können Sie das Meersalz auch bestellen.

Wenn Sie Fragen zum zwanghaften Haareausreißen (Trichotillomanie) haben, wenden Sie sich bitte an folgende Adresse:

Infostelle Trichotillomanie
Antonia Peters
Papenstraße 63 B
D- 22089 Hamburg
Tel.: 040 / 200 61 39
TrichoHH@t-online.de
www.trichotillomanie.de

Literatur

Grimm, Wilhelm und Jacob: Deutsches Wörterbuch, Band 4. Leipzig 1877.

Krüger-Lorenzen, Kurt: Deutsche Redensarten und was dahinter steckt. Heyne, München 2001.

Morris, Desmond: Der Mensch, mit dem wir leben. Ein Handbuch unseres Verhaltens. Droemer Knaur, München 1981.

Pitchford, Paul: Healing with Food. North Atlantic Books, Berkeley, California 2002.

Röhrich, Lutz: Lexikon der sprichwörtlichen Redensarten, Band 1. Herder, Freiburg im Breisgau 2003.

Bildnachweis

Alle Fotos und Zeichnungen stammen aus dem Archiv des Hair Garden, Hawaii, und sind in Zusammenarbeit mit Tami Dawson, Mike O'Reilly, Beth Philips, Mary Sloan und Elke Weiss entstanden.

Danksagung

Mein Dank gilt all meinen sichtbaren und unsichtbaren Freunden, Helfern und Lehrern, die auf ihre ganz besondere Weise zu diesem Buch beigetragen haben.

Linda Deslauriers